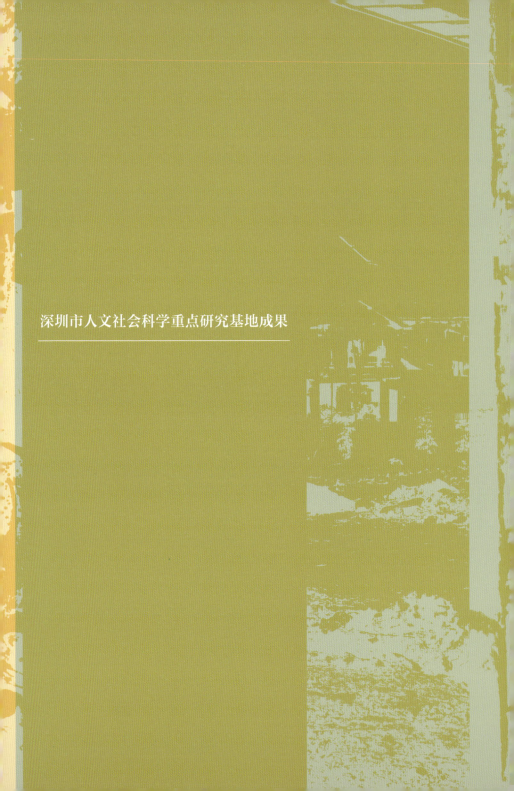

深圳市人文社会科学重点研究基地成果

创意城市打造

Creative City Making

决策者指南

A Guide for Decision Makers

〔英〕查尔斯·兰德利 著
Charles Landry

田 欢 译

社会科学文献出版社
SOCIAL SCIENCES ACADEMIC PRESS (CHINA)

目　录

寻常 摄

背 景

创意是建造任何事物的脚手架

创造过程中充斥着的混乱、冲突、失败，情绪失控和循环论证，这些被刻意隐去。[1]

创意情报————————————————————

本书有如下目标：

- 强调"打造创意城市"作为一种新的规划方式已经出现

- 提供全球城市发展动态概览

- 描述"创意城市"思想的历史发展线索和关键概念

- 解释评估新旧城市建设和城市创新力的一系列手段

- 列出工业城市和立足知识密度、创意与革新的城市之间的种种区别：外观、感受以及运作动力

- 解释什么是城市想象力及其在城市发展中的应用

---

[1] 这句话出自 Tim Brown，原文语境是：为了迎合商业文化，原本繁复、纠结的设计思维过程被包装得如流水线一般清晰顺畅，人们在实际应用时自然大失所望。

——译者注

- 列出成为更具创意城市的步骤

本书的目标读者：

- 思考未来的城市公共部门决策者
- 关心城市发展与吸引他们所需要的技术和人才的私营企业家
- 社区组织和冀图提高居住地生活品质的活动家
- 多领域——包括城市发展和规划、文化地理、艺术和设计、商业动力、城市营销和全球事务等——的思想者和学者

重点和概要

- 城市规划是人类最重要的尝试，因其为人和群体相对和谐地居住在一起而努力改进现有条件。其中需要的技术和远见涉及物理、文化、社会、心理、技术以及经济等诸多领域。遗憾的是，关于规划的教育仍然主要聚焦于物理和建筑层面。
- 创意城市打造概念追求一种范式的转变。它强调的是一幅不同的城市理念的构成地图。它寻求描述一种新的、更加广阔的有关城市规划和发展规律的思想世界和世界观。它是一种综合方法，综合特定的不同领域的视角，例如将对社会动力、文化需求和城市的构造肌理的理解放在一起，它做这些希冀的是创造新的洞见。
- 城市的世界变化日新月异，一起变化的还有如何打造杰出的地方和城市以及谁来为城市规划负责的观念。关于城市规划、组织管理、资源利用、文化角色和城市营销，有旧的思维，也有一种新的认识。新的规划范式应该取代从前那种占统治地位的、着眼于硬件的城市发展模式。笔者将其称为"文化

驱动"模式。

- 成功的城市建设需要理解城市性。这是关于城市硬件软件如何相互配合、良好的硬件结构如何协助催生丰富体验的一门艺术与科学。这些体验共同构成一个地方的城市文化。加强城市性需要考虑新的重点事项,包括新能力、对城市资产的新理解以及实现潜能最大化的新方法。

- 城市并不是一组死的建筑和道路,首要的是为其带来生机与活力的人类活动。这意味着那些了解人、社会动态与文化的团队需要与那些了解交通、工程、物理规划、娱乐和住房问题的团队携手合作。议程、策略和计划需要共同构思、计划和实施。至关重要的是,一个城市的文化的深度、兴趣和活力不但能创造更好的社区,归根结底也能为城市开辟竞争力的新来源。

- 有一种主要关切成就了过去 30 年中国城市建设的某些特质和态度,可能会成为它将来建设优质宜居城市的阻碍。过去的路径——快速建设城市,不给它们有机发展的空间——并不一定是未来的正确道路。

- 现有的城市绝大部分令我们失望。它们与美丽无关,只能被形容为丑陋,看上去千篇一律的高楼大厦常常杂乱无章地向远方的地平线无尽蔓延。交通拥挤,噪音不绝。只有少数几个地方令人欢喜。那么如何建设更多我们想要的城市呢？深入思考人们的文化、需求和愿望，运用想象力发自内心地去理解它们是第一步。下一个有效的步骤是以创造性的洞见与方式去回应。

- 有史以来，城市一直是各种交流、交易——思想、知识、贸易和服务——的枢纽。虽然有阶级、群体、贫富和权力的分化，城市始终是交往和互动的发生地。

- 城市一直在制造问题，也一直在探索试验创造性的对策以解决自身问题。目前的重点首先是以创新解决城市环境问题，其次是促进城市内不同群体之间更好地和谐共存，并鼓励人们以 360 度全面视角看待城市，确保城市的复杂性被充分理解。

- 城市一直是发明创造之地。过去和现在的区别在于，现在的城市正在有意识地诱导、规划创意生发的前提条件。实现这一目标的核心和关键是培养更加开放的思维习惯、管理风格和组织结构，以实现创意想法与项目的蓬勃发展。这使城市能够应对不断变化的环境，提高适应能力和恢复能力。

- 创意需要具体情况具体分析。20 世纪的"创意"与 21 世纪的创意不同，不同文化、经济、社会背景下被视为创意的事物也会有所不同。但是，有些关于创意的原则贯穿所有的文化和时代，包括：孩童式的活力与深度体验的结合，将看似无关的事物联系起来、看到不同事物背后共同模式的能力。

- 创意本身是不够的。只有当一个想法变成实际应用领域的创新和现实时，它才真正变得重要。

- 一个环境中的创新举动在另一个环境中可能已经不足为奇。在欧洲，旧工业建筑改造成创意经济孵化器的做法很普遍，但在印度这还很新奇。又如，在北美，人们对通过公 - 私增长联盟发展城市愿景的做法习以为常，但在其他地区还很少见。

- 城市创新的质量可以通过多种方式衡量。有些创新可能是具有巨大影响的范式转变，比如生态思维。还有一些创新，曾经被视为新发明，现在则成了大多数城市遵循的好做法，比如利用文化驱动经济增长。城市在其发展过程中需要上述各种类型的创新。此外，城市创造力的评估方式在日益完善。

- 创新之旅有其轨迹。它的起点是鼓励人们的好奇心；有了好奇心，人们就能展开想象，而凭借想象力，就可以构思和重新构思事物，设想可能的未来；然后，拥有产生有创意的想法的可能。这些想法需要被现实检验，通过测试的那些创意想法——只有少数——就成了发明。一旦得以广泛应用，一项发明就变成了一项创新。

- 今天，城市发展的核心驱动力和引擎是留住和吸引富有才能和想象力的人才的能力，这是对未来的投资。至关重要的是，这些人可以自由选择居住地，而他们越来越多地将选择城市放在选择公司、工作之前。这意味着城市需要重新思考它的外观、感觉、魅力和氛围，以留住、吸引这些富有才能和潜在创造力的人才。

- 宜居性，即创造良好的设施和文化独特性的能力，成为城市发展的中心话题。在宜居性问题和对独特性的渴望上，知识游民与普通民众的议题可达成共识。而对于探索的渴望，则更为那些具有开拓精神的人重视，大部分居民并不在意这点。

- 一个有创造力的人可以是科学家、艺术家、商业人士、社会活动家、行政官员、城市规划师或政治家。他们的个人特质——而非职业——使他们具有创造性。然而，相比其他领域，创意在某些领域更为合法，例如文化产业部门中像设计、新媒体等艺术领域。创意产业在协助城市发展方面有特殊的作用。

- 今天，设计、新媒体、音乐、电影、艺术等创意经济部门，以及博物馆、画廊等相关的文化基础设施，在促进创意城市的议程中能发挥核心作用。它们有多方面的作用，包括创造大量就业机会；它们能够为地区塑造积极的形象，是一个区位因素；它们也能提供物质与精神的享受。

- 创意是一种强大的软性资源，它的重要性就如前一个时代的煤炭、钢铁和产品制造能力。它是一系列能够在知识密集型经济中加强独特性与价值创造的特质。它可以提升产品、服务、流程、技术的价值，也能推进城市本身的塑造和发展。

- 现在，创意被视为一种等同于金融资本的新的通货。它和金融资本一样重要。还有其他形式的资本，包括人力、社会、历史遗产、知识和领导力资本，它们能够共同成就一个更好的城市。

- 发挥创意是一种思维方式，开放是它的关键特质，其他特征包括：好奇心，发问精神，放手、倾听和重新评估的能力，质疑已有的信条、做法或理论以及跳出常规思维思考的勇气，洞悉表面不同的事物之间的内在联系的天赋。这适用于个人、组织和城市本身。创意是一种灵活多变的资源，它的特质塑造了人们的思维方式、运作方式和城市文化。并不是每一个城市都有同等创造力，但是每个城市都可以变得比以前更有创意。

- 动用富于想象力的思维帮助我们发现了许多新的资源和可能性。它好比是 21 世纪的自然资源。在过去，自然优势决定潜力；现在，能否比别人更有效地利用和发挥创意优势，决定了一个城市的成败。

- 想象性思维对于各种形式的知识——科学、技术、艺术以及社会、政治和经济领域的应用——都有重要意义。

- 通过创造让人们以富有想象力的方式思考、计划和行动的条件，创意环境得以建立。它既是一种物理环境，也是一系列塑造城市运作方式的态度。它成就城市的个性。在这个环境内，具体的部门可能很有创意，比如鞋类、机械、艺术或信息技术等专业领域。然而，仅满足这一点不足以被视为创意城市。

- 真正的创意城市拥有一个"创意生态"，在这里，所有互相关联、维持城市运作的系统都可以在必要时进行重新评估。这可能涉及交通系统、社会事务、商业创意开发甚至城市管理本身。这意味着人们愿意重新审视那些过去验证有效的事物，并且能够判断何时打开各种可能性、何时放大聚焦到其中一种或几种方案。

- 创意城市建设同时关注城市的软件和硬件。这是一个非常不同于工业城市建设的过程，后者崇尚"工程文化"，更加侧重硬件设施。

- 城市软件关注的是城市文化，包括正式和非正式的学习系统，不同组织的人员实现社交、互动、相遇的方式，城市内部各种活动和设施形成的氛围等。

- 城市是不透明和模糊的。很难同时看到城市内部和它的外部表达，从而从整体上把握它。我们大多只看到它的外观，它隐藏在墙后的创意能量几乎无法察觉。因此，有许多作为替代指标的事物用来指示城市的创意，比如文化活力、活动、美食、咖啡馆、不寻常的建筑、街景或各种设施。

毕尔巴鄂古根海姆博物馆*

* 书中未署名的图片均由本书作者查尔斯·兰德利提供。

- 一个城市不应该直接自称是创意城市，或许，它可以称自己为"正在兴起的创意城市"以彰显城市目标，但最好由其他人来称赞你的城市很有创意。这里既有推力，也有拉力。你推动城市向目标前进，取得创造性成就，就会形成一个良性循环，来自外界的认可将拉动你继续前进。

- 创意城市没有终点，这个概念是动态而非静止的，它更多的是一个持续的、"伺机而动"的过程，而不是一个详细计划。真正的创意城市了解时机与平衡，它很警觉。

- 城市创意需要目的和目标，即回馈社区甚至是世界，使一个城市及辐射的周边地区变得更加具有复原能力、具有前瞻性、更加繁荣，提升幸福感。

- 创意城市应当有一个伦理框架和道德指南，以此引导创意能量和行动。比如对生态可持续性的深切关注；又如，发展人性化的环境，以人的需求为本；再如，为城市居民提供丰富、多层次的体验。所有这些领域都需要大量创新。

- 创意城市也可能有使人不适的地方。新与旧、坚守传统与促进创新之间，难免会存在一些紧张关系。然而，在一个鼓励讨论与辩论文化的开放环境中，这种紧张关系可能富有成效，它可以让城市充满生机和活力。

- 有一种更深刻的冲动驱动着我们去改变、调整、寻求改进或去创新。那是我们生存的需要和作为人类与生俱来的爱玩的天性。正是这种孩童式的新鲜感，不时地需要我们去重新找回。

有争议的还是令人信服的

创意城市这一概念同时引发了热烈的支持与争议。危险的是，因为过度使用和对其范围的理解过于狭隘，这一概念正在变得空虚并被空洞化。有人担心它太时髦，人们还没有深入了解它的潜能，就轻率地开始应用。那么，在"下一个热点"——"学习型城市"、"宜居城市"或"感官城市"—— 来临时，人们对它就感到厌倦了。同时，其中也存在一个矛盾：我们对创意讨论得越多，就会越偏重风险规避文化的影响，而过度关注风险会阻碍探索。

全球各地的城市纷纷投入了这股立志建设"创意城市"或自称为"创意城市"的热潮，有人称其为"创意城市运动"。大家都在对一个发生了巨大变化的世界做出回应。这感觉像是一个范式转变，很多事情虽然表面上还是原样，但推动它们发展变化的根本力量已然不同。

有人认为，创意城市的概念是应对这一转变的答案。对创意的关注就像皮疹，已经传播得到处都是。人们常常希望创意能够解决它实际不能处理的问题，但许多问题或机会并不一定需要创意本身。比如，知道红色交通灯表示"停止"非常有用，除非有真正的理由，随意更改颜色便毫无意义。创意的核心在于心态——一种愿意在必要时重新审视事物、保持开放思维的心态。

也有些人批评这一概念，认为它只涉及艺术家和媒体、设计、表演行业从业者等小部分人群。这些领域的确很重要，但本质问题是：艺术创造的哪些具体特点可能帮助我们建立一个更具创意的城市？同样，对于创意经济的产品、服务和工作方法来说，它们的哪些作用使其成为创意城市发展的重要组成部分？

其他人则表示，这一概念催生的城市建设方案是打造一座壮观的城市，以吸引"创意阶层"——那些对发展知识密集型经济至关重要的知识工作者和研究人员——但这会加剧贫富分化，因为它转移了人们对弱势群体的关注，而非创造性地审视各类阶层面临的深刻问题。然而，虽然这一部分人口（知识工作者和研究人员）的确很重要，在一个国家中心城市的人口中可能占 25％~30％，但他们并不代表城市创意力量的全部。

在创意城市的辩论中，过分强调创意阶层会限制我们的思维。城市创意的范畴比他们大得多。我反复强调过这个问题："另外 75％看似属于'非创意阶层'的人口能够为创意城市——发掘新颖的发展机会和提供问题对策——做出什么贡献？"在 1995 年，我提出了以下观点：要想取得成功，城市有一个关键资源——人。人的才智、欲望、动机、想象力和创造力，正在取代地理位置、自然资源和市场准入，成为新的城市资源。那些居于其间、经营城市的人，他们的想象力决定了未来的成功。当然，这对城市的生存和适应能力来说一直都很重要。当城市庞大复杂到足以出现城市管理问题时，它们也变成了实验室，寻找解决办法——技术性的、概念性的和社会性的——来解决其发展与变化问题。

我的故事

　　我对那另外 75%、显然是毫无创意的人们的兴趣，其实正好可以说明我后来的个人轨迹与对创意的兴趣所在。二十多岁的时候，为了打破人们那种"不这样就那样"的线性思维我几乎精神崩溃了。我是那么厌恶看到非黑即白的世界，模棱两可的事物让我觉得放松，吊诡悖论在我看来恰是正常……这些让我在人们眼里成了一个模糊、混乱的人，我花了很长时间重拾自信。

　　在我 1978 年建立起我的公司康姆迪亚（Comedia）后，事情开始慢慢好转。在朋友、同事的帮助下公司渐渐有了声誉。我终于可以更完整地创造和表达自己，那是一个变得更有力量、更充实的过程。它给了我自由、自主的感觉，觉得自己身处通向专精并且负责的旅途中。

这感觉有一种神秘的质量，仿佛来自内心深处。就像 James Hillman（詹姆斯·希尔曼，心理学家）说的那样，看到灵魂在想象、幻想、迷思和隐喻中工作。

从那时起我开始思考人或者机构能否（如何）变得更有创造性。啊，看上去有那么多的障碍：系统、层级、官僚、过分提防的态度或思维惯性，还有就是那些强大的却不允许别人表达意见的人们。这些障碍占据主导，令人沮丧。

我试着弄清人们成功或者失败的原因，然后是机构的成败原因。从这里开始，我就自然地想到了城市，基本上，城市就是一个巨大而复杂的人和机构的混合体，为了让城市运转，各种各样不同的态度和文化必须糅合在一起。

我从 20 世纪 80 年代末开始研究这些问题，并写出了《创意城市：如何打造都市创意生活圈》（*The Creative City: A Toolkit for Urban Innovators*）和《城市建设的艺术》（*The Art of City Making*）两本书。这两本书又从三个方面延伸了我的工作：描绘了城市发展的大图景以及发展中的尴尬所在，列出了如何评估并扩大现有资源，比较了打造更完美居住和工作场所的新旧两种范式。

序曲

当我们见证中国人从农村走向城市的大迁徙时，人类历史上最大规模的群众运动就发生在我们眼前。

如今，已经有差不多75个人口超过百万的中国城市，这令人瞩目。世界变得如此之快，如何建造更有质量的都市环境，以启发人们，让他们充满创意和自豪，以便贡献出最棒的想法？只有这样，新的城市才能成为我们留给未来的宝贵财富。

　　绝大多数拥有百万人口规模的城市是新的，当然其中也有些特例，比如开封，一千年前曾经是世界上最大的城市，还有无锡、洛阳，建城时间都超过了3000年。它们功能巨大，提供基础设施和基本生活需要，如居住。它们服务于基础功能，这对于其自身来说是惊人的成就，但我们还没有时间思考：接下来做什么？中国经济正向产业链的上游迈进，需要掌握更高技术的劳动者，这时我们需要什么样的城市？这些劳动者将来的需求又会是什么？他们期待更高的城市生活质量吗？

　　"都市工程范式"一直是中国和其他一些快速城市化地区的城市

洛阳城楼下 ——————————————————————————————————— 寻常 摄

建设模板，这是硬件驱动的，聚焦于科技领域，关注的是物理性的基础设施。这种范式不怎么关心一个地区带给人的心理感受，或是它如何才能鼓励人们的融合与交往。与之相反，我们这本《创意城市打造》(*Creative City Making*)则严肃地思考诸如此类的问题，我们同时关注城市的硬件和软件，以及更重要的——两者如何相互作用。

当然，某些中国城市非常著名，尤其是那些拥有历史与文化资源的。但在城市成熟和发展进程中，这也会引发尴尬。如何将新旧融合，如何将过去纳入创造现在和未来的轨道？

城市规划的不同面貌

乌托邦式的空想之梦————————————————

我们应该重温幻想的本能，敢于树立野心勃勃的高超目标，当然，梦想本身并不足够。要把我们的城市变得更美好，还有很多可以做的，而且很多人正在等候，一旦环境适宜，他们就会将好主意变成现实。城市建设当然是一项创意历程，它需要对变化持有开放的心态，独具匠心以及洞察力。

洞察力能使一个城市提前防御时间可能引起的各种腐蚀，在进行远景规划时更有远见和弹性。这种能力能够明了当下那些浅薄或深邃的潮流各自预示着什么，又将怎样衰亡。它需要我们对未来进行投资，以避免可能出现的灾难，对抗那些难以预料的不确定风险。它帮助我们发展出更强健的策略，也会帮助我们在战略和战术上得到提高。

例如，现在的基础设施是否能够促进未来的综合流动性？又如，无论任何时候我们都必须要修建中小学校、大学、医院、警察局和博物馆，但我们是否以未来的眼光进行这些规划？如今很多学校看起来像是进行知识训练的工厂，医院也像是治疗病人的工厂。如果我们重新思考教育机构，将其看作是好奇心与想象力的中心，它们看起来、感觉起来、运转起来就会不一样。相应的，医院也应该被看作是福利的中心，警察局则是社区参与的中心。我们要问自己的是，城市规划是不是立足于鼓励人们建立联系、进行交往？有没有注意到人们对城市的感觉如何？

自古以来，人们如何共同生活，如何在或大或小的定居地组织生活一直是个关键性问题。曾经有乌托邦式的梦想，这种创建理想之城的梦想已经被世界各地那些叫"乌托邦""乐园"甚至是"天堂"的市镇名字所证明。它们反映出人们对那种——所有人友善相待和谐共处的——理想居住地的渴望。奥斯卡·王尔德曾经说过："一张没有乌托邦的世界地图是不值一窥的，因为它缺少人性终将落脚的国度。"

人类对物质、文化、社会和精神生活条件更美好的地方的渴望比有记载的历史还要早——这是一种跨文化现象。想想从吠陀经到圣经中的那些信仰，以及世俗文化中柏拉图的"理想国"、托马斯·莫尔的"乌托邦"到霍华德的"田园城市"和柯布西耶的"光辉城市"。乌托邦梦想是我们对自身和整个世界更美好未来和更幸福生活的憧憬的表达。

托马斯·莫尔（1478~1535 年）第一个用"乌托邦"这个词来描述一个理想中的岛国，其政治制度他在 1516 年出版的《乌托邦》（*Utopia*）一书中给予了详细描述。在那里，土地是集体所有的，不存在私有财产。男人女人接受同样的教育，宗教也高度宽容。没有军队，人们也不用太辛苦地工作，那是一个没有货币的社会，人们的享受完全来自精神世界，陶冶情操是最大的乐趣。罪恶、自私或贪婪几乎不存在，人们全都和善可亲。这个理想国只有不超过 6000 个家庭。莫尔这个秩序井然、合理分工的乌托邦与当时颇具争议的欧洲国家形成了鲜明对比。"乌托邦"是个希腊双关语，既表示"乌有之乡"，也表示"好地方"。

数个世纪以来，有大量的关于文学、社会改革、政治思想、城市规划和设计的乌托邦式的愿景被想象出来。有些是文学性的沉思，有些是描述那些虚构的社区，其他还有各种实际可行的蓝图。他们描述意图——相信那些田园诗般的状态并非逝水如斯，而可以用某种方法重新得到。最简单的乌托邦，其实就是改变。

愿景（vision）现在成为一个我们更喜欢的概念，因为它强调要敢于想象我们可能做到的事。乌托邦不必因为过于理想化难以实现而被摒弃。最勇敢的愿景莫过于建立一个人间的天堂或伊甸园——一个大同（oneness）的国度。这个目标可能难以企及，但至少我们可以朝着那个方向而努力。

愿景比做梦更清晰。一个关于城市的愿景给我们提供了方向、焦点和目标。对幻想的欢迎正说明我们对城市现实的不满。愿景启发灵感，赋予我们力量，并且将会改变现有动力的走向。

最早是企业先拥抱了愿景这一概念以激发更好的表现。现在城市、地区和国家都跟了上来，以更好地应对周边发生的巨变。

一套关于愿景或乌托邦的词汇概念产生了：和谐、平衡、正义、公正、平等、持续、社区、美好的地方。他们想重新弥合那些分裂，比如"融合相处的感觉""贫富分化"，或者处理诸如"犯罪率上升""药物滥用""与自然的疏离"等问题，以及那些对城市生活的普遍不满。

理想和愿景都体现了当时当地的特点，今天它们不可避免地都具有强烈的生态色彩。世界只有一个，从欧洲城市的碳排放量（carbon footprint）来看，他们似乎以为自己拥有三个世界，而北美和很多亚洲城市表现得似乎拥有五个世界，所以需要变革的地方很多。

然而任何一种全面的愿景都要对社会、文化、经济、政治、制

伦敦街头

度、技术、环境、建筑和城市规划做出综合回应。对于这个世界的强烈的观感激发了愿景，他们通常都有着坚实的伦理基础。伦理道德和人文价值像指南针一样指引着发展。

　　每个城市区域都体现着建立在一定社会秩序、经济系统和自然模式基础上的理想，发展到今天，他们就有可能产生一些我们排斥的城市类型。每种理想都是一组不同的原则，某些形式会成为主导。在帝国和宗教城市，皇宫、庙宇和教堂成为首要锚点，后来几何与网格扮演了重要角色。城市规划原则在不断演进，变得更有弹性，更注重渗透、视野、规模和尺寸等因素。

一个非常重要的问题是，到底是不是有可能把这些各自不同的城市理想中的一些精神结合在一起，建设当代的新居住区？简单说来，城市有以下这些类型和特点：

- 帝国城市：等级制度、秩序、权力和控制
- 宗教城市：秩序、团结在一个更高级存在的周围、道德符号
- 中世纪城市：城墙、在一个架构中每人都有自己的位置
- 文艺复兴城市：独立的市民产生
- 小资产阶级城市：自信、勇敢和风格
- 工业城市理想：负责的资本主义让工作生活更美好
- 花园城市：将城镇和乡村精神和谐统一
- 光明城市[1]：理性、有序、隔离功能、分区
- 活力城市：多元、有活力、本土性
- 新城市主义[2]：为将来保留最好的过去
- 绿色城市：可持续发展，碳平衡
- 创意城市：一个赋予人们力量和丰富感觉经验的物理环境

经历岁月洗礼的城市，可以是上述这些不同特点的混合，就好像古罗马，既是帝国的也是宗教城市。某些城市鲜明地代表一种类型，如北京——典型的帝国城市，盐湖城——宗教城市，锡耶纳或卢

---

[1] 勒·柯布西耶将工业化思想大胆地带入城市规划。他提出"光明城市"理论，描绘出城市生活的高级状态。"光明城市"理论主张用全新的规划思想改造城市，设想在城市里建高层建筑、现代交通网和大片绿地，为人类创造充满阳光的现代化生活环境。

——译者注

[2] 新城市主义是20世纪90年代初提出的城市规划方面的一个新的城市设计运动。主张借鉴"二战"前美国小城镇和城镇规划的优秀传统，塑造具有城镇生活氛围、紧凑的社区，取代郊区蔓延的发展模式。

——译者注

卡——中世纪城市，佛罗伦萨——保存最好的文艺复兴城市，伯明翰——工业城市。

我们也看到那些想把城市变得更人性化的各种尝试。例如社会活动家和空想社会主义者罗伯特·欧文建立的新兰纳克（New Lanark），以及英国改革家、可可与巧克力生产商乔治·吉百利（George Cadbury），在他位于波恩威尔的工厂旁边修建了花园村落，后来影响了欧洲的居住模式和花园城市计划。还有联合利华的创始人威廉·利华，创建了一个叫作阳光港的理想居住区。埃比尼泽·霍华德建立的明日花园城市（1898）也是个让人们更和谐地居住在一起的乌托邦城市，并引发了后来的花园城市运动——其中的很多实践都在英国结果，如莱奇沃思花园城、韦林花园城等。这一观点启发了战后的新城镇建设，包括斯蒂夫尼奇和米尔顿·凯恩斯等，他们对于世界城市规划的影响极为深远。

霍华德关于城市的愿景是没有贫民窟，能够享受到城市（如机会、娱乐和高工资）与乡村（如美景、新鲜空气和低廉房租）的双重福利。他主张建立新的乡村城市（suburban towns）：规模小，规划超前，并永久被农田所围绕。这些花园城市被当作很多乡村建设的范本。霍华德相信花园城市是城市与自然的完美结合。这些城市大体上将是独立的，由那些能得到经济利益的市民出资兴建并管理。

　　新城市主义是对美国城市衰落、无序扩张和以车为中心的发展模式的回应。它的宗旨是：步行、连接、多元化的活动、居住选择与建筑，强调美学和舒适度的城市设计，以及创造地方感和传统社区结构，提倡绿色交通和可持续发展。

　　一个持续很久的愿景就是我们如何与大自然相联系，或者回归自然。这经常意味着回归过去的、能够更好理解自然韵律的生活方式。它的一个当代版本就是可持续运动。其核心概念是减少碳足迹，碳平衡或零浪费。全球生态村网络（Global Ecovillage Network）是创造理想村镇的版本之一。阿布扎比的玛斯达尔城（Al Masdar）是另一个版本，其主旨是将阿布扎比建设成一个研究和发展可更新能源和可持续技术的全球中心，以便将经济发展与可持续性相结合。第三种尝试是把可持续性融入现有的居住区，如哥本哈根、斯德哥尔摩、汉堡、弗莱堡以及马尔默等城市所做的那样。最后还有诸如荷兰著名建筑事务所 MVRDV 做出的韩国广校城（Gwanggyo）计划以及美国建筑师布雷克·库拉塞克（Blake Kurasek）设计的垂直农场。

另外还有更多的这种愿景，比如欧盟委员会资助的跨文化城市（Intercultural Cities）项目，其着眼于如何让大家更好地共同生活在多元世界里。[1]

创意城市运动则相信解决城市问题和创造更多机会的方法来源于开放心态，其前提是个人和组织都要更富想象力地思考、计划和行动。

弹性规划

所以，全世界的城市都正在经历改变，同样变化的还有我们规划城市的方式。规划一个帝国城市或工业城市与规划一个知识密集型城市或一个鼓励想象力和归属感的城市截然不同。对某种规划来说，人只被看作机械生产的零件，而对另一种规划而言，人则是一切的关键以及创造财富的源泉。这些又反过来改变了规划范式。

规划必须有一个弹性架构来容纳随时出现的各种需求。现在我们热切盼望新的规划方式来应对一系列新需求。笔者认为这种新规划方式就是打造创意城市，它的运作动力、内在逻辑和优先顺序都不同于传统的地域规划。有一些基础概念对所有规划

---

[1] 关于这个计划的更多内容，参见 www.coe.int/interculturalcities。

而言都是共通的。显然，当我们在对道路、电力管道等基础设施进行规划时，那些着眼于土地利用、空间安排或何种类型的建筑应该出现在哪里的传统规划理念仍然发挥作用。比如阿尔巴尼亚首都地拉那近郊 Kamez，作为一个非正式的定居点已经无序发展了 20 年，从一片绿地到已有 30 万居民。诚然，这里需要一个更正式的物理规划，比如如何安排道路或公用事业，又如需要制定建筑许可制度等。所以我们不能完全抛弃这种传统类型的规划。

上述就是关于规划的硬件考虑，其实也是传统上人们对城市规划的印象。这些角度形塑了规划这门学科及其所需技能，大致上是基于工程设计、建筑以及测量技术。这些行业有其特有的思维方式，既有优点也有缺点。工程建筑的文化是逻辑的、理性的、偏技术的，它要求从实践中学习，通过试验和试错来一步步前进；它以硬件为中心，能够在一定限度上完成任务。这种思维方式的缺陷是容易变得狭隘，缺乏想象力和弹性，忘记了软件方面的考量。建筑的那种行业崇拜有可能阻碍规划与城市进步。作为三维空间的创造和控制者，建筑师们通常把自己当作城市建设舞台上的主角，而低估了其他人的贡献。

规划在沿着一个轨道发展。开始时，重点是有位"规划人"，这一行业规范延续了不到 100 年。然后各种亚规范出现，出现了空间、运输、环境规划师等。他们制定出各种建筑和基础设施标准，来指引城市生活的道道工序。城市规划会声称自己的目标是提高社区的建筑、经济和社会环境，因此是一个社会选择的地理表达。接下来规划在三个重要方面成熟和扩展：①社区参与，②城市设计和地方创作，以及③可持续性。

20 世纪 70 年代社区活动家索尔·亚伦斯基（Saul Alinsky）等人首次提出要让那些会被规划决定所影响的民众参与到规划中来。因为"如果你想知道鞋子是否合适，要问那些穿着它的人，而不是制造它的人"。人们越来越意识到，参与能帮助人们获得他们想要的环境，而且能使社区更安全、更强大、更富裕、更可持续。

对社区的关心强调社会设施的规划。社会设施是多个独立又相互关联的因素，包括和教育、医疗、住房和文化社会事务有关的基础设施，项目计划，服务和网络，其目标是让社区生活更有品质。它从只包含硬件设施发展成为包括社区资本、社会融入和社会关系的综合体。

"城市设计"，这个只有 25 年历史的学科，给我们为城市生活进行物理塑形又增加了一个象限。它关注塑造地方的艺术，因此包含着一个综合性的角度，不单要设计建筑和建筑的分组，还要打造空间与风景。这就需要理解把规划规则、开发商的盈利目标以及让地方变得更特别这几点融合起来的可能性。人们担心规划只擅长于分隔空间（space），而不是创造"地方"（place）。

只有当我们赋予一个空间以意义和特点的时候，它才成为一个"地方"。打造"地方"是规划、设计和管理公私空间的一种方式，它要去倾听那些空间使用者的心声，在这个过程中创造一个关于"地方"的愿景。你甚至可以把高速公路变成一个"地方"。设计师理查德·瑞德 Richard Reid 说服新西兰交通部门重新考虑驶向奥克兰的高速路，因为它切断了对毛利人来说是圣山的一座火山边缘。他颇费心机的新设计方案绕了火山一周，现在火山、高速路以及作为分隔的自行车道形成的界面非常美丽，深受司机、骑行者和观光客们的喜爱。尽管交通部门的领导和工程师曾经对这个新方案抗拒了很久，但他们也承认，改进是巨大的。

最后，关于可持续发展概念的强调从 20 世纪 70 年代兴起，也极大改变了规划目标和评价规划的标准。现在任何城市规划都必然进行这方面的考虑。

创意城市打造范式

但新形势又有了颠覆性的变化。这需要新的洞见，还要了解城市如何运作、如何建设一个成功的城市并对规划加以改进。首先，一切都在变动，城市甚至国家都在失控。劳动力、资本和知识在全球范围内流动。他们选择那些环境最好的地方停下来，所有的地方都在利用经济或其他方式来吸引人才。

30 年前开始了一场巨变。过去有技术、有天赋、有野心的人们首先选择公司而不是城市，现在则正好相反。因此城市必须在很多方面变得更吸引人。基础实施仍然重要，包括从住房选择、便捷交通到多元的购物和娱乐选择。

然而市民的需求还是越来越多，尤其是那些富有活力的精英人群，城市需要他们创造更多财富来避免被淘汰。他们需要一座提供各种丰富经验的城市，他们需要的城市能够给人一种安定感，归属感，身份认同和特殊性——一个充满了可能性的地方。他们既需要内部的联系，也需要向外面的世界敞开，在这里人们能学习，更可以受到灵感启发。这就需要提升一座城市物质和文化双方面的素质。

尽管延续了从传统规划上得到的很多经验和知识，创意城市打造还具备一些独有特点：

恩施宣恩　　　　　　　　　　　　　　　　　　　　　　　　　　寻常 摄

- 360 度全方位关照城市，评价其相互关联的内在动力和外部共鸣。这需要分析与综合思维相结合，相信整体大于部分之和
- 鼓励和认可一种开放的、富有想象力的思维方式
- 理解一个地方的文化动力并利用它
- 着力于一个地方在感受上、情绪上和心理上的体验，并注意那些和审美有关的事物
- 从硬件和软件两方面同时来阐述城市建设，既要注意活生生的内容也要注意其容器
- 通过富有想象力的行动，克服明显的二元对立，回应从地方急需到最广阔的全球平台的多元诉求
- 把生态平衡作为城市的理想特质
- 理解可持续性有四大支柱：经济的、社会的、环境的和文化的
- 将创意城市概念与健康城市规划相结合
- 强调只有具有多种技能、能够进行整体思考和规划的团队才能打造成功的城市

关键的一点是这种规划并不把上述这些信条看作与物理规划分开的——过去它们总是最后才作为附件被考虑。相反的，它认为物理规划必须建筑在对软件的理解之上：比如是什么引发了人们的欲望，是什么使人们充满干劲，是什么促成了人际交往、社会纽带和网络。如果没有对这种更广阔意义上的城市建设的理解，物理和空间规划者们的工作就不会那么有效。

这种城市打造方式以文化驱动，眼光独特。它懂得过去、现在和未来的价值，因此就懂得一座城市从哪里来，现在在哪里，她的文化

又将把她带向何方。历史和传统嵌入了城市风景和地方技能，具有能够创新思考、向前看并创造未来的能力，因此显得非常重要。同样的，它也认识到独特性能够在建筑形式，活动或态度等各个方面促进归属感。

这种内涵丰富的规划成为一个从感性角度观察城市的起点，它尤为关注美学因素是怎样强烈地影响了人们对所居住城市的理解，以及这又将如何影响他们精神和心理上的幸福感。由此形成的动力最终将决定人为城市成功贡献力量的能力。一座丑陋的城市无法消除抑郁，会造成经济和社会上的破坏，而一个美丽的地方则会做出积极的贡献。

因此城市打造应关注硬件和软件两方面。它们相互交织、不可分割，两者一样有用，在城市打造中地位相等。人们并非只需掌控硬件方面，那些有着软性技术、懂得地方的居住体验和感觉设计的人们的价值往往被低估，这是大错特错的，尤其因为那些下游的影响往往被滞后发现，例如，一个没人去的公园，无人光顾的购物中心，或者不受欢迎、没有灵魂的商业建筑群。

所有规划都有混合的目标，要满足需求不同的受众。通常它们在多种需求方向之间拉扯，比如，有些人需要一个地方公园或公共交通枢纽，另一些人则需要机场接驳让人和货物与世界相连，需要那种能使他们嵌入全球制造网络中的能力。

一种能把地方社群诉求和全球流动阶层需求协调

便利生活（毕尔巴鄂）

一致的办法渐渐显现，因为这两个群体都需要高质量的环境和设施。

创意城市的概念就提倡规划者在理解城市生活体验是否更好时把眼界和思路放宽，更富于想象力。还应关注一个更广泛的公众团体，这需要更多人共同协作来规划城市，而不仅仅依赖那些只懂得土地利用和空间安排的人。只有这样，城市的潜力才能更好地被发挥利用。

健康的城市规划范式

没创意的和不健康的城市规划带来令人沮丧、毫无趣味的地方。那种死板的"土地利用范围"把各种功能严格区分开，消除了将生活、工作、零售和娱乐融为一体的可能；"综合发展"能够把多种动议统一到一个大项目中，但是却忽略了真正的精华，多元化和多样性；"规模经济"则认为只有体量大才有效，仿佛把建筑修在传送带上一样；最终，"车辆不可或缺"使得我们在做规划时把车当成了国王而人却变得微不足道。

这些不健康的地方不利于步行与锻炼，所以在这里进行日常生活不会使我们的身材更匀称；这里的生活缺乏互动，不会时常遇到熟人；这些地方的规划优先考虑私家车而不是公共交通。这就决定了我们的移动模式，也塑造了一种沉闷的、满是沥青和金属的城市景观；这继而影响到我们的环境感受，引发污染；还有那种每一个步骤都要考虑机动车的城市设计，它将我们隔绝在金属盒子里，也限制了社交。

我们打着方便快捷的旗号坚持这样做规划，这使得我们日渐懒惰，意愿和能动力降低，烦恼更多，坏习惯更多，而且还形成一个自我负能量的恶性循环。由于缺乏锻炼和刺激，我们总是不能够专注或清晰地思考问题；我们饮食也不健康，愈加肥胖；我们做出坏决定。这蒙蔽了我们的双眼，使我们看不到优质城市所能带来的那些可能性。

我们知道还有哪些因素使我们感觉这么差，甚至让我们生病：乏味的、只讲速度而不关注细节，没有兴奋点的丑陋地方；忽视建筑材料、不健康的中央空调建筑，以及那些缺乏身份、特征和风格的地方。

创意和健康城市相统一

最近二十来年发展出的创意城市和健康城市规划两种观念有越来越融合的趋势，这并不奇怪。它们都挑战了传统的规划方式，都把人放在中心，而且关注的是整体的人：他们的身体、精神和心理状态。只有这样，人们才能发挥全部的潜能。创意城市概念回应一系列不同的条件，即世界经济巨变过程中，很快在路上碰到了健康诉求。现在大家都明白，要想有创意，想延展才能，就需要精神上的警醒敏锐，良好的饮食习惯，锻炼和持续工作的动力。

我们可以一眼认出一个健康的人：没有或很少有身体问题，情绪平和，心理强大，有弹性能适应，富有慷慨精神。这是一个能够运用想象力，把周遭事物妥善整合的人。人们想要回报能够自我表现的可控制感，因为它让人感到自如进而感觉幸福。

一个健康的组织也是如此：使得个人可以发挥到最好，可以把他和别人不同的才能结合起来。在这些地方，人们不会感觉到个性被压抑、禁锢或反对。

何为健康城市？不是指那些有很多医院的城市，那只是事实的一部分。健康城市是一个让人们可以在情绪、心理、精神、肉体和审美上都感觉幸福的地方；是一个不需要我们勉为其难、只需自然而然就会健康行事的地方。一个健康的地方回馈你慷慨精神，令我们有开放的心态和信任感；它鼓励我们跨越贫富、阶层或种族的界限来相互交流；它为欢愉而存在，信任正是学习、创造力和创新性的前提条件。

人们都向往被精心照顾，而现有的医疗模式并不奏效。护士和医生在全球范围内都是短缺的，很多问题其实可以在其他地方解决，而不必非拖到去医院。比如一种不鼓励老年人和青年相互交流的社会肌理会导致隔绝和抑郁；缺乏活动中心的城市扩张使青年感到挫败，进而引发蓄意破坏、犯罪和其他。但我们从未计算过这些代价——如果算的话，对公共空间或公共交通进行好的设计和投资实际上便宜得多。

什么是健康的城市规划？它需要从医疗上升到社会层面来理解健康。它懂得健康是一系列经济、社会、文化和物质条件的结果，或一系列生活选择，诸如居住条件，是否有社区感，经济状况好坏，生活方式等作用的结果。因此我们应该把首要关注点从症状转移到引发不健康的原因上。抛开基因不谈，在医疗领域之外还有很多能够提升健康或幸福感的做法。这意味着要先创造让人们不需要去医院的条件。

理想中的城市打造应该是一种诱惑：让我们爱上所居住的这座城市，作为市民我们也散发出善意和愉悦感。这令我们有公民自豪感，有期望、有野心为我们的城市做到最好。

柏林某博物馆外

生存和娱乐

过去和未来————————————————————

    让我们以更开阔的全球视野观察城市的过去、现在和未来。从古至今，城市都是交易和交换的中心：或思想、或知识、或买卖和讨价还价、或商品、或服务。它们从来都是跨越贫富、强弱界限而实现连接、融合、交流的地方。城市将权力和政治、经济和金融、社会和文化聚集在一起。影响力在这里也可以买卖，权力经纪人们存在更基层或更国家化的舞台上的操作可能。在城市中，文化产品变得重要，堂皇至今的博物馆被建起来吸引目光，壮观耀眼的东西都被请上舞台，来刺激和惊艳观众。城市具有多元性、复杂性和各种选择。它吸引各种各样的人：满怀希望的、有天赋的、有野心的、有影响力的，他们聚集一处，传递各种小道消息，他们做生意、积累名望；城市也吸引那些有着阴暗欲望的人——犯罪团伙，以及那些想要隐姓埋名大隐于市的人们。城市在蛊惑、吸引、迷惑，城市也在排斥、憎恶、压抑。

    城市造就批判的大众。它是机会的加速器和问题的发生器，它是一座让善与恶共处的实验室，所有的都在这里聚集。它是革新的催化剂，也是自己制造出的问题的解决者。

    创意城市的种子其实就存在于城市本身。无论是普通城市还是优秀城市。即使是不处于中心地带的城市也比周边那些城镇要更富于活力，只因为那里有更多交流。城市里有作为知识中心的大学，它们总能够吸引聪明人。

    让人和城市趋向创新，有两种深层驱动力：一是在变动环境中

马德里街头的行人

生存下来的需要，一是游戏的愉悦。"创新"或"创意"这两个词被过于频繁地使用，也许终将被别的词取代。基本上，创新意味着优化、改造和发展那些已经不再能满足需求或正常工作的东西。这就到了需要革新的时候。

　　游戏是人类本能。我们内在的游戏的欢愉促使我们去探索、去试验、去究竟，去想象。它让我们放松，可以去狂欢，去达到巅峰状态。米哈里·齐克森米哈里（Mihaly Csikszentmihalyi）[1] 对游戏做过大量研究，强调游戏是一种流动状态，需要在挑战和机会之间取得正确的平衡。并不是只有儿童才需要游戏，游戏时是我们感到最有生气的时刻，它不是奢侈品，但至少是身心健康等等的必需品。尽管游戏如此有力量，我们大多数人都在儿童和成人之间的某个时期停止了游戏。我们把游玩变成了工作和责任，就好像我们可以在工作和负责任当中得到嬉戏的愉悦。成年人总觉得他们不能再像孩子一样无忧无虑地游戏了。创新的议题于是碰到了游戏的力量——游戏另外还有其他好处，例如让人们相互交往，促进灵活性，学习和发展社交技能，能够与人配合，以及帮助我们逃离孤独，教会我们坚持等。

把生存需要和对游戏欢愉的渴望结合起来，就成了创新引擎。今天城市的创新天性变得更"有机"，与过去的不同就在于今天我们是有意识地创造软件或硬件的"遇见设施"或地方，来促成那种催化创新性的接触。

从 20 世纪 70 年代开始，我们就"重新发现"了城市和它的首要价值。在西方我们至少造成了城市的某种退化，鼓励郊区通勤、创造卫星城，建造科学园和隔离土地利用方式等一系列手段使得城市变得荒芜、失去生命力。其结果是著名的"多纳圈效应"：城市中心空洞化、死气沉沉。而且我们也已经看到了创意城市打造的一大尴尬：在何种程度上我们能够在物理上规划并建造这样的城市，还是说我们需要做的是在态度上创造条件使得人们能够富于想象力地去思考、去规划、去行动，然后得出自己的结论；或者我们需要两样都做？

过去 20 年里城市在全球范围内发生了惊人的、令人炫目的转型。

---

[1] 匈牙利裔美国心理学家。——译者注

很多城市不再甘于平凡，希望吸引新的脑力劳动者。它们的外形和感觉与以前更重视产品制造生产时完全不同。它们的内在运作动力也改变了，大城市尤其追求成为丰富深入的体验和潜力中心，吸引人们造访、重访直至居留。城市希望能成为你欲望的目的地，让你梦想成真。

并非所有人都能实现自己的梦想。这个徐徐展开的城市故事也有其阴暗面，因为并非所有人都有能力购买、消费或居住在新公寓中。贫富差距越来越明显。无节制的城市生长也是以牺牲人的便利和对环境造成污染为代价的。因为交通堵塞，很多城市变得运转不良，城市生活对于很多人来说成了日常的折磨。这种阴霾图景经常被忽略，城市总是更愿意投射那些光明景象。

读到这里，想想那些在近 20 年来已经开始做出改变以应对这些困难和机遇的大型多元城市，比如墨尔本、香港、吉隆坡、孟买、北京、迪拜、阿布扎比、莫斯科、赫尔辛基、阿姆斯特丹、伦敦、巴塞罗那、马德里、毕尔巴鄂、巴黎、柏林、汉堡、哥本哈根、芝加哥、温哥华、多伦多、圣保罗等。其实还有数百个较小的城市也在经历同样的进程。

这些城市都在回应一个事实：越来越多受教育程度更高的人开始把城市而不是公司或职业作为首要选择，这就解释了为什么城市的质量是如此重要。在发达国家，超过 70% 的高技能人士在 25~35 岁的关键年龄段首先选择城市。20 年前这个数字只有

20%。问题就变成到底是什么能吸引这些人？那就是活力、选择、多元化，利益、美景以及好的设施，这些越来越成为一种动力，促使城市发展，真诚希望在各方面都变得更有创意。

因此每个有野心的城市，都希望建立自己的标志，打造一种充满可能性、兴奋点的，有热情、有风格的形象，来吸引最聪明、最有雄心壮志、最有天赋、最有企业家精神和最有想法的人。它们希望这个群体可以创造财富，带来与世界的联系和文化生机。

每个人都希望进入世界中心，登上历史舞台，这种想当决策者的感觉需要有某种物理表达。比如魅惑闪光的玻璃大厦，有别于传统方形、造型奇特的建筑，巨型零售和娱乐中心等，还有伫立在城市风景线上的摩天大楼，有些城市有很好的公共空间，但更多的空空荡荡、缺乏灵魂。

全世界的明星建筑师们在这个过程中相互攀比，从一座城市到下一座。库哈斯（Rem Koolhaas）、贝聿铭（I.M Pei）、西萨·佩里（Cesar Pelli）、赫尔佐格－德穆隆（Herzog de Meuron）、保罗·安德鲁（Paul Andreu）、扎哈·哈迪德（Zaha Hadid）、诺曼·福斯特（Norman Foster）、弗兰克·盖里（Frank Gehry）、斯蒂芬·霍尔（Stephen Holl）和安藤忠雄（Tadao Ando）等，这还只是他们当中的一部分。本土特点渐渐丧失，那些第一眼看上去新奇的建筑往往其实很平淡。你会感觉大多数这种建筑没有什么存留的力量。很多人想问这些建筑师："你们喜欢人么？""你们理解人么？"他们还想说："这些建筑从外面看很不错，但在里面工作到底有什么感觉？""这些外表看上去可能的确吸引眼球的建筑，很难提振精神。"

最终，这些城市都长得差不多。如果只看照片，你很难分清这是中国、美国、巴西还是印度。高楼的集群让人感觉没有生气、没有灵魂、没有个性，它们可以存在于任何地方，只是遵循一个不断重复的模式。这些城市通常都是为机动车而不是行人规划的。被宽阔的道路环绕，步行变得困难，高楼大厦直接挨着街道，和行人并不发生联系，仿佛在说："保持距离！"那些闪闪发光的洁净的建筑表面可能从很远处就吸引了你却不能靠近，那是一种让人不快的感觉——你感受不到自己是受欢迎的，或者这些办公场所已发生的一切都和你没关系——入口是关闭的，总是有保安守卫。个别看起来不合时宜的植物装饰其间，作为某一个体，这一切让你觉得自己很渺小、微不足道。虽然偶尔也点缀些吸引人的地方，比如零售商场，但这些城市总体上还是给人一种空洞浅薄的感觉。

这就是为什么城市越来越需要眼光深远，向历史和文化求助，以便重新让这个地方变得特别、独一无二。它们希望创造多层次的体验。但在某些城市，历史肌理已经被毁坏，或者被打包装进博物馆，又或者被改成了虚假的仿古安排。对那些想要保存传统和那些理解老建筑所代表的多重价值的人们来说，这真是个难题。

城市打造通常为物产发展逻辑所驱动，只有狭隘的资本金融视角。如此大量的金钱让人无法看到更大的图景也可以理解。由于可用的土地和空间有限，建摩天大厦可以赚取大笔钱财；而老建筑相比起来体量自然小得多。从单个项目和潜在利润的角度出发，地产商自然倾向于建造摩天楼。但是，从城市整体的角度出发，是完全不同的逻辑在发挥作用。如果以城市个性和吸引力为标准来估算城市的总体价值，可能是那些单个来

台湾东海大学的路思义教堂 ——————————————————————————————— 寻常 摄

讲并不能产生最大利益的建筑为城市的总价值加分更多。体验一座城市的历史遗产，即便只是看看，对所有市民来说也是有价值的，包括那些可能想要破坏它的商人。城市的身份体现在各种不同方面，零售场所、写字楼、居住屋、地铁系统、道路，还包括公园、公共图书馆等各种文化设施在内的公共空间，它们共同构成了城市。

对决策者来说，"是项目的城市还是项目体现了城市"就成了要回答的中心问题。

作为一个整体的城市

城市平衡记分卡————————

城市建设的决策者应该把城市看作一个整体工程，而不应聚焦于一个个孤立的项目。狭隘的项目思维会导致那些处在中间和整体的城市设计受到损害，或干脆被忽视。这是一个公共领域，一种共善。如果没有公共领域，其他很多方面也会受损，例如融合的能力，这种能力促进社会资本和社会纽带的发展。如果每个建筑都只顾自说自话并被内在化，那么欢乐，一种共处的艺术，就无法达成。

丑陋带来的烦恼总是跟我们如影随形——有时候是一辈子甚至更长，当你经历这种烦恼时，就感觉永远也摆脱不了。所有建筑工程，无论是一座楼还是一条路，都要对环境负责。但绝大多数开发机构或它们的客户都没看到这点。他们不愿意避免质量低劣的设计和廉价的材料。这对任何城市来说都是一种伤害，有着负面的下游影响。保险业从不在这方面进行计算，他们只急于评估所有可以想见的安全角度，其结果是产生了过分工程化的、毫无生命感的街道和道路。一个丑陋的建筑、外部空间、路口或立交桥，耗尽了我们的精力，最终的指向是缺乏关怀。而缺乏关怀的环境，带来的是社会压力、犯罪甚至更坏的可能。比起关注审美的人们讨论

"设计的价值"，现在更应该讨论的是"坏设计的危害"。又美又好的状态是可以恢复的，哪怕人们对其有着不同的定义。

当你带上所有感官尤其是眼睛在自己的城市中行走——因为汽车已经深刻地屏蔽了我们对城市的体验，你能看到什么？感觉到什么？很遗憾我们总是更容易想到那些让人讨厌的，而不是令人欣喜的东西。后者常常总是过去的东西。这不是个怀旧的问题，而是有关品质。你几乎一下就感觉到，大多数城市都是车流的城市，一切都要为车让路，保证车辆优先运行。所有车流附近的生活都被消解了。而且我们还面临着一个危险：失去创造街道的艺术——优秀城市的核心因素。太多街道都被巨大的障碍物分割成大的街区，空场地上伫立着到处都能看到的那种红色、抽象雕塑。这是些自说自话的建筑，它们的玻璃和大理石泛着光，但看起来像是把你排斥在外——它们假装说Yes 其实说的是 No。往往还有那种黯淡无趣、粗俗不堪的建筑，为相似的社区结构所围绕。行走在这种典型的城市街区中，那种寡淡的旋律把沉沉死气传染给你，让人昏昏欲睡。或者你还会碰到那种笨重的大体量建筑，沉重地压向地面。当你想要玻璃的空气质感，那些玻璃材质只会把光反射回你身上。一次有用的锻炼似乎就只能是对你的城市做一次毫无生机的分析，这又如何能让人变得健康或富有创意呢？

一个简单的评价城市决策是否正确的办法是问一问：这个建筑或结构说的是 Yes 还是 No？在情绪上它的感觉对吗？这对我的城市足够好吗？一旦标准这样提高了，我们就有可能带回一种久已失去的城市建设语言。不光是住宅区，就连盖一个车棚，一座购物中心或工厂，也可以有美学追求。

我们对城市的描述语言总是偏重物质方面，而忽略了动态、韵律或人。这些视觉语言主要来自建筑和城市设计。它的标准来源于类似维特鲁特[1]等人的经典文章，核心是注重对称与和谐。对城市的视觉描述习惯来自对古典建筑的描述——详细勾勒建筑的构成部件：基座、廊柱、柱顶、山墙、框缘等。这种语言很丰富，但多少都是强调静态元素而不是动态的整体，例如空间、结构、技术材料、颜色、光线、功能、效率、建筑的表达和存在等。同时，城市设计也更多地把城市看作是动态整体：地方、联系、运动轨迹、综合利用、街区、地带、密度、中心、边缘、风景、街景、焦点和区域。但它们二者经常把城市的气氛、视觉感受排除在外。它是否让人沉默退缩？是让人平静思考还是充满激情？是让人封闭起来还是对外敞开？这种物理质地让人想要回应 Yes 还是 No？

这种 Yes 或 No 的分析能够很快提示人们的期望。Yes 和 No 的直觉，虽含蓄却嵌入了深刻的认知。这可能就是关于城市如何培养关系，是引起恐惧还是提供启发的判断方法。有些正好准确触动了情绪的扳机。这牵扯到健康和创意城市的核心问题：想让人们说 Yes 要做些什么？好的城市规划者和公众都认同很多城市品质看上去互相矛盾，方向相反。然而伟大的城市就是一个可以让不同极端共存的容器。那些调和的时刻既狂野又让人愉悦。这可爱的、可居住的、生机勃勃的、快乐的、动感的、尖锐的、简单的、便利的、易于行走的、安静的、和平的城

---

[1] 古罗马工程师、建筑师。——译者注

深圳书城 ——————————————————————————————————— 寻常 摄

市啊。在这个地方,你可以探索、发现、创造、经营;这是能够让人记住的、特别的、有标志的、经过优良设计的、安全的、有弹性的地方。

让我们调整焦距,再来问问关于规划的问题:什么样的城市环境会鼓励人们的求知欲和好奇心?什么样的城市形式让我们更愿意参与社交?城市设施是否令人更健康,人与人之间更信任,是否促进我们学习,使我们变得更聪明?你的身体是不是足够振作而不容易感到孤独?我们是不是很愿意到人群中与别人相处?我的新学校感觉上像不像一个相互关怀的大家庭?新医院是不是让人感觉安心、促进健康?新发展能不能让人恢复体力和健康?或者相反:不健康的城市规划是否导致了抑郁和犯罪率上升,是不是影响了幸福指数?

通过问这些问题我们为城市规划提出了一个新目标。这个目标不再把道路建造、街道架构、住宅、医院和学校看作单一的技术问题来解决,而是把这些与更大的主题相关联——释放潜力和促进健康。

通过以整体方式关照城市,我们也需要重新认识资本这个概念。受到经济金融学科的影响,我们不免总把资本理解得过于狭隘,而忘记了它的很多其他形式。城市是人们创造出的最复杂、最多面的有机体,包含多重象限。如果认为只需进行最简单的经济计算,就能创造出一个有巨大容纳力的可持续发展的城市,是大错特错的。所有证据都表明这种思维是错误的，会引发负面结果。我们要考虑如何平衡资本的各个领域。

综合性的资本————————————————

成功的地方对城市的各种资本的利用有着更深理解——如何积累、如何投资、如何运作并得到最大利益。思考未来的框架跟评价现有资产（位置、商业环境、历史遗产等）是不同的。成功的地方尽一切所能积累各种形式的资本，例如，你可以一边赚取资财，一边累积社会资本。比较浅薄的地方以为只要金融资本就够了，然后以此为唯一价值标准，总以效率和结果为追求目标。其实他们大错特错，以下多种形式的资本都应该被考虑。

- 人力资本：才华、技能、特殊知识等；
- 社会资本：组织，社群和利益群体所形成的复杂的关系网络，它构成了整个市民社会；
- 文化资本：由历史遗迹和记忆所交织表达出的对一个地方的归属感和对其特点的理解，这具有梦想和启迪的能力；
- 创意资本：控制，去联系那些看上去毫无联系的具有原创力的元素；
- 智力资本：一个社区的思想和革新潜力；
- 科技资本：利用科学技术手段将发现多样性和解决问题的能力变成实际应用；
- 民主资本：社区扶植一种在透明宽容的公共空间中相互讨论、多元选择的文化；
- 环境资本：建筑、自然风景和一个地方的生态多样性；

- 历史遗产资本：一个地方的历史资源和传统，以及如何促进身份认同、自我了解和自豪感进而催生动力与承诺的方法；
- 领导力资本：承担责任和领导的动力、意愿、精力和能力；
- 金融资本：资源如何被积累起来以支付服务和基础设施建设。

资本被一个人、一个公司、一个社区或一个城市所掌握。资本有价值或能实现价值转化。这是一个城市能够利用来实现可持续和自我扩展的"收入"。

这些资本的形式是城市的资产，如果没有就是城市的赤字。它们可以被看作一座城市的货币，像所有资产一样需要被悉心管理。好的地方会保持这些不同形式的资本的平衡。例如，金融资本花得多留下的就少，而社会资本可以越用越多，带来更积极的结果。对于城市决策者来说，在哪里投资一座城市的资源非常重要。他们已经知道如何利用科学技术和资源等，但其他的呢？所以应该思考：

- 我的城市是否已经做出战略性、综合性的社会资本发展计划，而非一系列互不相干的社会项目？例如，既然社会资本包含着建立网络联系的能力，我的城市是不是已经有了让市民跨越藩篱相互联系的安排？在那些有问题的社区中，缺乏联系的网络导致了隔绝、孤独、向下运行的螺旋和可能性。

- 我的城市是否有了一个不同于教育项目的智力资本发展计划？很多才能并非在正式教育设计中培养出来的，因此这方面同样重要。越来越多的学习和启迪在不同的环境、设置中实现。

- 一座城市的自信文化决定了它将拥有怎样的可能性，塑造了它的潜力和处理事务的风格。我的城市是不是在建设它的文化资本，以不同于建设文化设施或鼓励单个艺术项目的方式？

寻常 摄

变化的全球城市地方景观

中国的城市复兴————————

在为城市现象感到兴奋的同时，也要警惕它的反面。上海被认为是中国复兴、成为全球力量的一个代表。当中国向全世界关上门，经历"文化大革命"时，这座中国最大的城市沉寂了30年。现在上海已经成为一个拥有2100万人口的光辉的国际大都市，拥有比纽约还多的摩天大楼和比伦敦还庞大的公共交通系统。在面积上它翻了三倍，影响力极大扩张。它吸引着跨国公司的总部，前卫文化和报复性反弹的国际范儿。2010年世博会只是加强了它的国际地位，就像同样由上海主办的F1方程式大奖赛，或上海东方艺术中心的兴建（像朵盛开的蝴蝶兰），以及各种当代艺术盛事和创意产业战略，包括创意产业街区等。

然而并非一切规划都奏效。上海附近的东滩生态城计划就被无限期推迟了（如果不是被推翻的话）。其目的是建造一个50万人的城市，它的能源全部自给，都是可再生能源，没有机动车，有一个水循环系统。这本来可以为全世界提供范例。

北京的发展同样令人瞩目，2008奥运会的举办正是其辉煌成就的一个表达。它致力于成为一座世界城市。这些地方实现了政治、经济和文化力量的集群，成为交通、思想和潮流的轴心。世界城市作为战略地带和交流节点，对国际事务产生直接影响，各种有关政治、金融或文化的全球议程在这里被创造、促进、影响和实现。世界城市能够一眼被认出，并能触发一系列丰富的协同联合。历史遗迹和文化镌刻着它们过去的光辉，与其在文化和经济上塑造未来的能力相结合。北京如此之大，或许只需要不久，就能成为与纽约和伦敦比肩的国际城市。作为中国的首都，北京作为一个经济、政治和文化的权力枢纽的地位会大幅提高，上海也一样。

但和其他很多快速发展的城市一样，其发展过程中都存在伴随着生活质量下降的失控危险。北京已经有了六条环形道路，七环路正在修建。城中心的位置也意味着更好的生活品质、便利、吸引力、富于创新和文化活力。这就是为什么对很多中国城市来说，创意议程是一个中心的考虑。

这些问题不只影响了一线城市，在中国所有城市都受到了巨量的从乡村转移到城市的人口影响：深圳从寂寂无闻到和香港一样成为世界最大的城市之一，同样的还包括广州、天津和重庆。它们还包括沈阳这样的城市——从 20 世纪 30 年代开始就是中国重工业巨头，现在已经多元化并需要更多的受过高等教育、高技能的劳动力。当然还有像哈尔滨这样的工业城市，同时又以冬季美丽的冰雕闻名，在东北地区占据重要地位。这个序列也包括很多更小的城市，比如大同、咸阳和唐山。

中东的复活

类似的发展在很多其他地方也发生过，当中东地区意识到可以更有效地循环利用石油资源时，当地也成了发展热点。多哈、迪拜和阿

深圳夜景 ——————————————————————————————— 田欢 摄

布扎比相互竞争，都想领头。迪拜热闹地出现在了
世界版图上，但它的发展遇到了瓶颈。意识到自己
在东西方中间的理想位置，迪拜狡黠地把阿联酋航
空公司打造成了运输中轴，成为不多的几个可以乘
飞机到达世界上任何目的地而不需要中转的地方。

　　可接下来这个"全球最佳实践"就成了"迪拜
扭曲"[1]。当然迪拜是勇敢的，有战略眼光的，是一
座信念坚定地打造出来的愿景城市。但是，这些表
面的最佳实践并没能带来一座成功运转的城市。这

────────────────────

[1]　指2013年6月10日在阿拉伯联合酋长国迪拜海滨区正式落成的"卡
延塔"，该塔总高310米，共73层，其最大特点是楼体90度扭曲旋转，被
称为全世界"最高最拧巴"的大厦。——译者注

就是因为人们没有把城市当作一个整体来考虑。它以项目为主导，以地产发展和投机为驱动，它大体上被看作一个工程项目，那些决策者不太懂得让城市的硬件和软件相互结合的道理。城市里有一些单独的分区，比如互联网城、知识村、学术城等，这些地方都如隔绝的孤岛。集群当然重要，但真正的催化协同作用只会发生在那些有生动的公共社会生活的地方，那里有各种中立的第三空间，学科界限被打破，并因此产生机会和新生事物。另外，在实践上其所有专注都给了机动车，使得无法连接这个问题愈加凸显。

当然，有些项目还是很有创意的，而另外一些只能算差强人意。对土地开垦的重新考虑非常具有革新性，例如"棕榈岛"——迪拜海湾那由大小岛屿组成的棕榈树形状，或者由人工岛组成的"世界"，代表了世界地图上的每个国家，还有迪拜滨水城——将迪拜海岸线从60公里延长到800公里的计划的一部分。一些建筑的质量很高，比如哈利法塔和运河酒店等，其他就非常普通。迪拜给我们提供了一个关于野心、勇气、品牌、宣传炒作、资源集中、潜在生态危机、人口不可持续和爆聚的教训。在迪拜，一切都是为了让你消费而创造，从阿联酋购物中心到迪拜购物中心，可以买到全球所有品牌，阿拉伯特色却少之又少。除了消费，没有给你留下什么去制造、塑造乃至创造的机会。

与之相对，阿布扎比则形成了一个建设性的例子。阿布扎比具有实现理想的资源。它小心观察迪拜的发展，试图找到另一条道路。阿布扎比的"2030规划"包含着很多优秀的规划信条，2007年温哥华的前城市规划和生态密度项目负责人庇士利（Larry Beasley），还有很多他的同事都被吸引来到这座城市。至今庇士利仍是酋长的首席顾问和导师。温哥华号称拥有最具前瞻眼光的规划机制，因为成为全球最宜居的大城市之一，这点吸引了阿布扎比。

迪拜棕榈岛

　　"2030 规划"声称，阿布扎比将成为阿拉伯城
市的当代典范，在这里人们生活、工作、奋斗，亲
密健康地相互支持。它将关注可持续发展，以人为
本，强调宜居、相互联系，强调渐进发展，尊重其
敏感的沿海沙漠生态自然环境，制订适合它的规划。
最终阿布扎比的城市肌理和社会设施将提升价值观、
社会安排、文化发展和阿拉伯社会风俗道德。

　　阿布扎比也高调做出了一系列动作来彰显自己
在国际舞台上的形象，其方式出人意料。两个主题
其一是高级文化和可再生可替代能源，尽管阿布扎
比有世界上最大的油气储量之一。距离阿布扎比几
公里的玛斯达尔城（Al Masdar）有望建成世界上
第一个碳中和、零浪费和无机动车发展。这么做的

目的是让阿布扎比成为全球领先者，以及研究和发展有关可再生能源与可持续技术的中心。它冀图成为洁净、绿色和替代能源的硅谷，吸引1500家公司，当下和未来的技术就在这里酝酿成形，被推广、验收和执行。马斯达尔城由英国设计师诺曼·福斯特（Norman Foster）设计，完全依赖太阳能和其他可再生能源，计划容纳45000居民和60000往返上班的人。该项目从2006年开始建设，计划投资220亿美元，原本预计第一期工程竣工时间是2013年，因为金融危机影响，推迟到了2015年。

另一是大型发展计划——萨迪亚特岛（Saadiyat Island）计划，其目的是提升阿布扎比的文化影响力。全球多位知名建筑师参与其中。目前已经公布了以下子项目（大部分在2013年到2015年间完成）：弗兰克·盖里（Frank Gehry）设计的古根海姆博物馆，让·努维尔（Jean Nouvel）设计的卢浮宫博物馆，安藤忠雄负责的海洋博物馆，诺曼·福斯特设计的扎伊德酋长国家博物馆和扎哈·哈迪德（Zaha Hadid）负责的一个演艺中心和一座音乐厅。

这个以建筑为基础的项目的问题在于，它只为吸引游客来此消费文化，以及对阿布扎比的形象进行再次塑造。和马斯达尔城计划相比，没有太多创造性或值得研究的地方。

全球城市动态

中国和中东的发展引人注目，首先因为变化巨大。当然，很多其他地区的城市在过去的20年里也在发展变化，以下是一些例子：西班牙的毕尔巴鄂，建造了古根海姆博物馆，还包括机场地铁等在内的一系列基础设施的高质量发展；澳大利亚的墨尔本，重新发现了他们的亚拉河并重新改造了城市中心及其人口分布；美国的芝加哥，重新塑造了以千禧公园为表征的魅力优雅形象；新加坡，聚焦于文化设施建设，提升价值；丹麦的哥本哈根，通过一个长期计划限制机动车，打造适于行走的城市；还有巴西的库里提巴，创造性地建设宜居城市。

还有更多城市也推进了富于野心的城市更新计划，从新西兰的奥克兰到瑞士的苏黎世，从美国的德克萨斯到克罗地亚的萨格雷布。对于城市正在剧变的经济基础，它们的回应都从工业制造转向了知识密集型发展，这种发展需要不同的设施，激发思想和感受。很多人问为什么西班牙的这么多城市都能够发生巨大改变，如巴塞罗那、马德里、瓦伦西亚、毕尔巴鄂、萨拉戈萨等。答案之一是那里有强大的地方自治权和地方财政权，这让城市有条件去创造、发展和执行它们的任何愿景。

大大小小的城市，无论在什么地方，都要面对新的全球化和世界城市分工层次变化所带来的转型期。在向知识密集型经济转型的过程中每座城市都要重新评估自己的目标和角色。这一转变由跨国企业和一些半国营机构主导，在全球制造网络及其联合供应链（像触角一样延伸到世界各地）形成后达到顶点。

这种源自东方的全球转型导致新的世界中心的出现，如上海、北京、深圳/香港集群、珠三角地区、新加坡以及竞争中的中东轴心。这让老牌的影响力中心感到受威胁，如纽约、伦敦和东京；也显露出其他一些城市的相对衰落，比如巴黎。此外还有一些冉冉升起的新兴城市，比如孟买和班加罗尔。

全球竞争中也包括了洲际争夺首要地位的战斗。这可以发生在金融、媒体领域，或"创意""绿色"方面。

每个有野心的城市地区都想向价值链上端移动，成为一个中心枢纽，能够远程控制、输出低开销项目，而吸引高价值项目——研发中心或总部。在这个背景下，虽然互联网经济如此发达，地点却仍然重要。城市之间吸引力的相互竞争，物理肌理、基础设施以及活动平台是关键因素，这显示了城市促进社会交往、相互沟通、混杂和交换的能力，这些都是商贸的必要前提。

成功的城市地区总会涉足高级知识。信心足够的城市都瞄准成为某一领域的知识节点。迪拜打造航空枢纽，新加坡是贸易中心，纽约致力于保持自己的活力形象，伦敦则继续打造知识创意地带的形象。

这些地方的总体目标是尽一切可能提高其"牵引力"，这就包括它们的吸引力，留住人才的能力、资源和潜质。正确的上述因素的混合使得一个城市变得更有魅力，能满足不同群体诸如政治掮客、投资人、实业家、买家、观光客、地产开发商、思想领袖的不同兴趣需求。总体来说，这就是一座城市的共振。

很少有地方能够把这些因素结合在一起发展出一个整体合一的复杂城市。阿姆斯特丹，柏林和墨尔本是其中做得很好的。获得牵引力的结果会显示在经济、政治和文化能力（即塑造事物的能力）上，进而成就自己，得到财富。竞争的新象限已经出现，比如"绿色"，像苏黎世、弗莱堡和哥本哈根这样的城市都已在这方面相当成功。

今天的城市倾其所有在任何可能的方面进行竞争，主要的世界城市都已认识到"创意"是一个新的多面城市资源。很多城市制定了创意战略，如新加坡、阿姆斯特丹、柏林、上海、香港、大阪以及多伦多。它们大多专注于创意工业，例如新媒体、设计、音乐和艺术活动

阿姆斯特丹

等。但这些是对创意的范围和潜力的比较狭义的理解。城市能够创意性地动用的资源既可以是物质的、有形的，也可以是无形的；既可以是可量化的，也可以与感知和图像有关。

全球城市存在一些共同的主题：

- 通过提高知识产生能力，寻找新方式向价值链上端移动
- 提高吸引力，打造新竞争点，例如在当代艺术或节庆基础上创造新型文化体验，或建设新的文化机构和设施以发挥磁石作用

- 举办标志性的盛事，如奥运会、世界杯、世博会等以提高全球知名度，这也是城市营销策略之一，如哈尔滨也考虑过申办 2022 年冬奥会
- 专注城市软件设施，以城市活力和精致气氛取胜
- 打造示范城市，努力引导全球潮流，例如通过发展可再生能源，创造碳平衡来挑战能源消耗问题
- 挑战全球化和跨国公司扩张带来的城市同质化问题，加强城市文化独特性
- 通过调整规模和亲密度，再造好社区
- 创新思维和办法应对信用紧缩和公共预算缩水，保证公共服务质量
- 建设创意城市的理念走向舞台中心

数字革命和城市进化

现实和虚拟世界在加速碰撞。智能手机引发的潮流使人们可以在任何时间出现在任何地点。随身携带数字媒体改变了体验城市的方式，以及人们与地方和空间的交流模式。这就是数字革命影响城市进化的地方。如今人们携带电话，就像身体的一部分，随时准备使用。人们可以一边在这里和你谈话，一边进行着远距离交流。

"你在这里"和"你在那里"越来越成为同一种体验。你知道身边随时在发生些什么，知道以各种简单或复杂的方式怎样与其他人、与世界相连，比如弄清如何到陌生地址赴约，上网查最近的新闻，或制造一次"快闪"行动——在公共场所做件稀奇事。数字世界极大地改变了我们观察感受城市、与城市交流的方式。通过社交媒体我们既可以拓宽自己，也可以有趣地延展我们对城市如何运转、城市动力的理解方式。

有无数项目致力于研究现实世界和虚拟空间之间的关系。由建筑师卡罗·拉狄（Carlo Ratti）和他的同事们负责的 MIT 的可感城市（Senseable City）计划（www.senseable.mit.edu），利用数字的力量让城市以动态方式呈现出来。当你把各种各样的数据流放在一起，以新的方式组合激活它们，一个新世界就出现了，目前中心问题还是数据分拣和静态显示。

丰富的体验、沉浸、交流、实时交流和共同创造是当下的口号。所有一切都可以即时展现。像素构成的对象可以具有生命，一座建筑也可以有移动的感觉。通过无线射频识别技术你可以跟踪你的垃圾被最终处理的旅程，可能太远以至于没有被以可持续的方式处理。无限制未经筛选的数据、社交媒体应用、共享体验，以及假想工程都给我们提供了一种新的对现实的感觉，通过智能手机或公共媒体显示器就可以接收到。

一些新的应用技术就像魔术一样。比如增强现实（AR）公司Blippar，以内嵌相机来识别现实世界中的东西，然后在电话屏幕上给用户提供数字链接、相关信息和互动娱乐手段。你只需拿着手机，随着靠近任何地方可以"blippar"[1]的东西，就能立刻得到反馈，无论是一个网络连接、视频、优惠券，还有可能是一次3D产品体验、一个虚拟现实游戏。你甚至不需要扫描或照相。http://www.robaalders.com就是关切这类主题＋发展的网站之一。

有一个问题是每种数据通常都是由某个机构单独采集，仅对其自身有用。而如果能把这些信息放在一起，比如交通动态、移动电话号码和事件等，与新的用户应用更富创意地结合，有可能产生新的价值。这让人们感觉自己与周围环境同步，然后可以更好地做决定。

生活在城市里，大多数情况下人们都要在固定信息的基础上做决定，这些信息往往不能反映实际的状态和动态。例如印好的时间表，固定的营业时间，结果到一个商店却发现想买的东西已经卖完了。一些公司和城市政府在加强建设实时网络，让人们随时知道身边发生了什么。

---

〔1〕 Blippar 创立于 2011 年的伦敦，是一家老牌增强现实创业公司。——译者注

以阿伦·比尔特（Arlene Birt）的"虚拟可持续性"项目为例，这个项目把城市中活动的人们和各种相互没有联系的网络搜集来的实时数据做成了可反馈封闭圆环。你得到了受自己行动影响而得出的数据，例如你也参与其中的减低碳排放项目。这让人们对自己行为的后果更敏感，继而带来行为的改善。

还有"可感城市"在西雅图的追踪垃圾项目，给3000件不同的垃圾做了标记，然后追踪它们在全美漫长的旅途，让人们对自己行为的结果有了了解，然后可能会带来改变。

另一个数据抓取的例子是"民主应用"（Apps for Democracy）项目（www.appsfordemocracy.org/），该项目在2008年秋天，开启了华盛顿最大型的数字对话，基于开放逻辑和创造性共享许可协议（www.creativecommons.org/），鼓励市民提出他们对城市问题的解决方式。其目录包括实时犯罪反馈，学校测验成绩或贫困指数等，是全球最具综合性的数字采集项目。

如果以过去的方式——web 1.0 的方式——这个项目要花费几百万美元，外包给一个单一供应商来分析数据，得出解决方案，可能还不是好的产品。他们随即得到灵感，如果发挥市民的潜力，这项目就会有效得多。其结果必须共享，要对市民、观光客、商人和政府单位都有用。

第一版方案竞选花费了市政府5万美元，城市得到的是 47 部苹果手机（iphone）、脸书（Facebook）和网络应用，其估算价值超过 260 万美元。他们包括，一个组织拼车的应用，新的自行车行驶地图，一个叫作"我们是人民百科"的同行社区参考网站，任何人都可以运用公共数据进行编辑，还有一个叫作"实时警报"，报告犯罪时间、工程许可等的应用程序。赫尔辛基的 Forum Virium（www.forumvirium.fi）就是受此启发创办的，其目标也大致相同。

"实时新加坡"是另一个发展公开的公共平台的尝试，来收集、集合、对接和扩散从不同渠道产生的实时数据。

这些项目的总目标是创造人和他们的行为以及城市之间的反馈环，以各种丰富体验来让人们接触到实时动态，这样人们可以更好地理解城市的生态系统。这让人们能做出与环境和当下更和谐的决定。

要做好这些，需要新的混合团队一起合作。在谷仓效应，部门各自为政的工作形式和传统管理方式下，这种协同作用无法产生。诚实规划者需要约见电脑极客，他们还需要跟可视化专家、体验专家或微电子专家、软件科学家有良好的沟通。

革新才刚刚开始，数字空间的多项发展会对我们与现实世界的交流互动产生巨大影响。城市越来越被新的文化和经济力量，以及社交媒体或移动互联网等进程所影响。我们在虚拟世界中的行为能够影响我们在现实世界的行动。这些会决定将来我们的商店乃至零售业是什么样的。我们如何会面，在哪里会面，这将最终影响所有的事，从房地产价格到如何做生意。关键问题是我们能否把科技和这些相关联的文化转型用于造福公众。

创意运动的兴起

一条曲线反映了经济增长从农业驱动到创意驱动的发展历程。在过去的几千年中我们先是一个农业社会，然后是 200 年的工业社会，30 年的信息社会，现在我们又开始讨论知识和创新驱动型经济和创意经济。我们正以加速度经历这些由不同力量所驱动的发展阶段。

今天，创意大规模爆发，每个人都身处创意竞赛中。城市（地区和国家）都说自己是创意型的。这样的城市至少有 100 个。所以今天我们差不多可以用创意运动来称呼这种现象。创意性成了我们这个时代的秘诀，被赋予的全部都是正面品质，尽管我们其实应该清楚，创意性一样有它的反面。

这种发展从 20 年前就开始了，一方面，那时商业团体开始认识到，它们员工的创意能力正成为关键资产，有创意就等于有才能。同时，经济也变得越来越依赖以创意为基础的文化产业，如设计、电影、可视化和数字交流等。另一方面，城市也开始以艺术映射自身，把城市当作"一件活的艺术品"，成了创造"体验经济"的大潮流的一部分。

每一种隐喻，无论是"创新经济"，还是"创意经济"，都给我们提供了一种有利的角度，去理解和衡量财富创造手段、竞争基础以及成败标准的变化。

自然的优势和创意的优势────────────

　　自从我们在专业领域比在其他方面更善于以智力来进行革新，我们已经从一个依赖自然优势（靠近充足而便宜的能源以及劳动力）才能繁荣的世界转变为依赖创意优势而繁荣的世界。在 21 世纪，一个经济体成长的引擎是能够从人们的创造性中攫取价值的过程，以及进而产生的知识和变革。

　　每一次获得财富的手段的改变都创造出一种新的社会秩序，新的学习方法和知识，新的学习环境设置和对新设施的需求——这些加在一起，就是一种新的城市类型，这需要不同的文化能力来支撑。

　　在前几个财富创造阶段，对可以预见的结果还能够进行预测，但预见创意性带来的具体优势则不那么容易。我们正从"创造已知"转变到"设计未知"。但我们可以做到的是，培养一种社群的能力和心态，以便当优势开始出现时能够发现它，并且有创意能力来回应它。这需要一种政府精神，管理和学习系统，能明白这些需求并以开放心态来适应这些新需求。

　　创意性的目标并非让一切悬而未决。我们想要变得更有独创性的目的是在不断变动的社会中，为人、组织和城市提供进行想象和再次想象的机会，评估和再次评估事物和各种挑战的机会。目前这些都进行得不充分。事实上当我们再次评估一件需要改变的事情时，得到的答案很可能是保持原样。关键问题在于——至少，问题又一次得到了深刻的考虑。

　　在生活的很多方面，可预测都是非常重要的。有些场合你并不想那么有创意。比如交通红灯亮的时候一定代表着"停"，这可不是儿戏。同样，我们也依赖于计算机软件或机器正常工作，坐飞机，你总也不会期望机长有创意。尽管如此，我们可能还是会希望在设计新的飞行旅程或交通系统的工作中富有创意。

社会的总体条件决定了什么样的创意是必要的。100 年之前或更早，为了对付可能致病或致死的可怕的卫生条件，我们需要在公共健康领域做出创意和革新。例如，人类花了很长时间才认识到清洁的水和霍乱之间的联系；为了对抗细菌滋生的房屋，我们优先发展了给低收入者的公共住房；我们致力于街道照明是为了让那些地方在夜晚更安全明亮。今天，我们需要创意性的解决方案和很多创新，来解决各种问题，比如气候改变。最重要的可能是，我们需要学习如何通盘考虑，才能理解不同层面之间的联系。

概括说来，过去 20 年来，城市的世界经历了巨变。今天城市作为发展引擎的角色更加明显，而且为了创造财富，我们更需要利用人的聪明才智。这些人才通常居住在城市里，所以城市怎么样变成了最首要最关键的问题。

不同的城市不同的范式————

当我们回头看，能够看出经济社会发展的变化是如何改变了城市发展的优先顺序和城市规划范式，以及城市本身的面貌、感觉和气氛。一个农业城镇的要求肯定和一个劳动密集型工业城市或迅速城市化的城市不一样。相应的，高科技城市或知识型城市的发展与专注于创意的城市也有区别。

从前的城市建设，总是着眼于纪念碑式的结构、再辅以服务这个核心的小建筑，来投射城市的政治力量。工业化带来了转变，港口、铁路等基础设施占据首要；伴随着大量移民进入城市，提供住房、满足社会需求又成为关键。当我们需要吸引教育程度高的人士来发展知识经济时，就意味着城市的便利设施和生活质量都需要大幅提高。

通常一座注重农业的城市会有各种中心市场，好让那些从周围乡村运来的农产品销售出去，此外还有仓库、农畜设施、商行、与农业相关的研究中心、其他设施等。夺目的建筑会很少，城市会尽量蔓延开以容纳更多市场。人们看上去更粗糙，更像土地上的劳作者，受教育程度相对较低，没那么多都市特征。这个地方的文化设施也会比较少，对美的关注不那么明显，有更多动物、更大气味。农业城市的象征恐怕就是马匹了。这里当然也有创意和革新，但它们并不是主要的驱动力，粮食生产才是。

工业城市的主角是大型工厂和冒着黑烟的烟囱。大型基础设施，如铁路和公路到处存在，分隔出各种功能区。当地的时间被工厂作息主宰，人流在一天中特定的时间冒出来，载着工人来回的大巴是一道常见的风景。很少有人注意到美或魅力之类，空气中飘荡的是污染的味道。这样的城市的象征就是烟囱。同样，这里也有革新，但都发生在工厂或工业实验室。驱动力是生产产品。

对后工业时代的工业城市来说，生产发明和服务是主要目的。办公室多得多，也有很多草地，城市功能更加混杂。这里会有更高的建筑，更多文化设施和更多机动车。零售业和娱乐业占的比重很大。这类城市的标志可能就是摩天大楼。在这里创意更加重要，主要是在软件、娱乐或知识密集型生产领域。

创意城市更注重混合功能，下城多是居住地区。城市的目的是创造更多混合、互动和观念的交流。人们更加关注美、吸引力和好的体验。这类城市的象征可能是咖啡馆或其他聚会场所，城市外围风轮机在制造着替代能源。生产培育创意本身第一次成了经济驱动力，城市看上去怎样，感觉如何变成了最重要的问题，只满足功能需要远远不够，城市的整体体验才是关键。对过去的城市类型来说，个人是无足轻重的，而在创意城市中，你就是中心。

　　在继续讨论创意城市的更多细节之前，我们需要理解创意是什么，有创意意味着什么，以及创意为什么重要。

旧思维和新思维

　　新的世界潮流已经改变了城市运作的所有规律。关于这个问题，想法和概念有新也有旧。可惜的是绝大多数城市，甚至包括那些技术先进的城市，在这个问题上都还停留在老旧思维里。

　　简便起见，让我们以城市建设者们最关心的问题为例，来对比传统想法和新想法。这并不意味着传统就非必要，而是这些问题也应该被放在新框架下重新思考、计划、组织和实施。

　　评论：大多数城市在打造、管理、组织城市和评估资源的方法上是老派的。打造城市的任务主要由那些掌控硬件设施和技术的人来承担。不同于跨领域的想法，部门各自为政的想法根深蒂固。对文化的投资被认为更像是一种给予，而不是能带来繁荣未来的投资。关于文化，尤其是城市文化能驱动城市发展的理解很不足。那些缺乏都市喧闹、资源相对较少的二线城市在利用各类资源方面更需要智慧。

　　筒仓思维和工作方式[1]传统上占据主流，城市规划部门通常是"国中之国"，技术程序是一切的主宰。其实还有很多其他主题需要被综合考虑、规划和统筹，因为城市发展被看作物理规划、幸福感、文化和工程问题相遇的地方。

---

[1] 指同一个组织内单位或部门或个人，不与其他人分享信息或知识，不与他人互动的一种思维与做法。——译者注

旧：首要的概念是城市规划和城市发展，城市被看作一架正在工作的机器和一组项目

新：打造城市，打造地方以及城市化是关键概念，城市被看作一个有机整体，城市整体是一个大项目

旧：环境、经济和社会是可持续发展的三大支柱

新：文化是可持续发展的第四个支柱，因为它使得城市具有特殊性和身份认同

旧：思考和运作都是以线性的、碎片化的方式进行

新：使用整体的、综合性的方式

旧：主要靠硬件思维塑造城市

新：关键是同时考虑到硬件和软件

旧：文化是付出的代价，和主要的城市元素都安排就绪之后的附加选项

新：文化是资产，它驱动了特色发展并走向舞台中心

概括性问题

旧：最佳实践是战略思想的高峰

新：最佳实践是必需的，但基本内涵是要做追随者而非领导者。重新定义竞争环境是关键

旧：规范行为已达到目的

新：鼓励人们自己承担对环境和健康的责任

旧：吸引就业是关键

新：吸引什么类型的人才最重要

旧：体量（如城市面积）增大意味着一切

新：抵达适当的临界点以实现目标

旧：数量和增长是中心

新：焦点是质量增长

旧：关键是要让城市有吸引力

新：吸引力的说法太狭隘，最应重视的是宜居、幸福感和生活品质

旧：把最基本的设施搞好，就为竞争提供了平台

新：基本设施当然要做好。竞争到了一个新阶段，比的是创新或创造新路径的能力

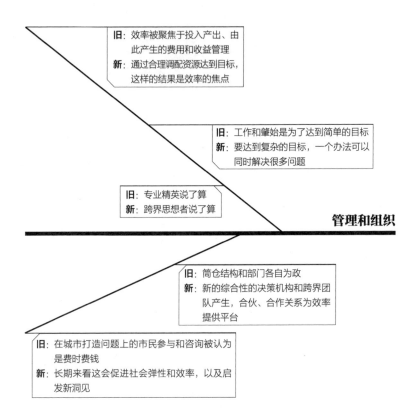

旧: 效率被聚焦于投入产出、由此产生的费用和收益管理
新: 通过合理调配资源达到目标，这样的结果是效率的焦点

旧: 工作和肇始是为了达到简单的目标
新: 要达到复杂的目标，一个办法可以同时解决很多问题

旧: 专业精英说了算
新: 跨界思想者说了算

管理和组织

旧: 筒仓结构和部门各自为政
新: 新的综合性的决策机构和跨界团队产生，合伙、合作关系为效率提供平台

旧: 在城市打造问题上的市民参与和咨询被认为是费时费钱
新: 长期来看这会促进社会弹性和效率，以及启发新洞见

　　评论： 全球范围内有越来越多的人重新思考公共管理和协同工作，将其看作有益的实践。但在很多多学科领域，每个专业仍然是在自己的标准和法则里单独行动。而今鼓励不同学科和角度间的交流，因为这可能是富有成效的。然而，因为交流和机会变得越来越多层面、跨领域，在决策、工作和实施计划上更多地使用跨学科方法会更加有效，因为它尤其会关注那些缝隙空白处、不属于任何人责任范围的问题，比如丑陋的建筑对人的心理影响，以及加强贫困人口的交流网络等。在跨学科领域中不同专业相互交叉重新划界，关键是不要囿于一个特定领域来解决复杂问题。举个简单的例子，从事运输、建筑、文化、经济或社会事务的人们可以共同来决定什么样的街区是好的，是多元化的，有利步行、以人为本、有美感的等，为了达到这一目的，他们就可以重新评估自己的标准。

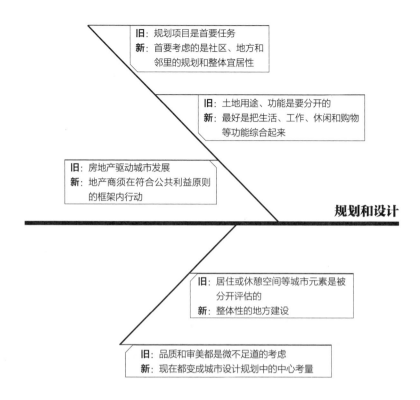

旧：规划项目是首要任务
新：首要考虑的是社区、地方和
　　　邻里的规划和整体宜居性

旧：土地用途、功能是要分开的
新：最好是把生活、工作、休闲和购物
　　　等功能综合起来

旧：房地产驱动城市发展
新：地产商须在符合公共利益原则
　　　的框架内行动

规划和设计

旧：居住或休憩空间等城市元素是被
　　　分开评估的
新：整体性的地方建设

旧：品质和审美都是微不足道的考虑
新：现在都变成城市设计规划中的中心考量

评论：当综合城市设计已经广泛用于打造大型社区和
地方更新，规划仍然是物理导向的学科，其危险是那些有
关软件或活动的考虑都被推后，而不被看作整体规划过程
的一部分。社会和文化工作从业者的地位也通常低于从
事开发或规划行业的人，后者被看成是"那些真正懂行
的人"。

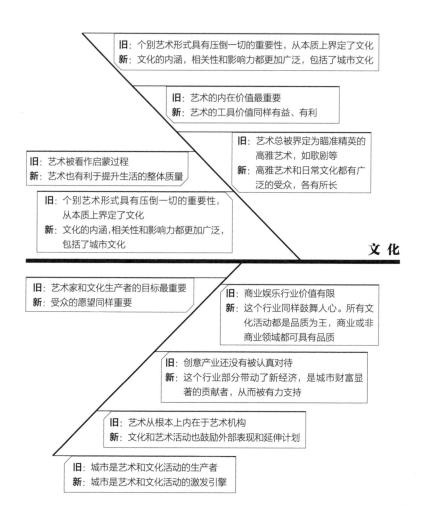

旧：个别艺术形式具有压倒一切的重要性，从本质上界定了文化
新：文化的内涵，相关性和影响力都更加广泛，包括了城市文化

旧：艺术的内在价值最重要
新：艺术的工具价值同样有益、有利

旧：艺术总被界定为瞄准精英的高雅艺术，如歌剧等
新：高雅艺术和日常文化都有广泛的受众，各有所长

旧：艺术被看作启蒙过程
新：艺术也有利于提升生活的整体质量

旧：个别艺术形式具有压倒一切的重要性，从本质上界定了文化
新：文化的内涵，相关性和影响力都更加广泛，包括了城市文化

文 化

旧：艺术家和文化生产者的目标最重要
新：受众的愿望同样重要

旧：商业娱乐行业价值有限
新：这个行业同样鼓舞人心。所有文化活动都是品质为王，商业或非商业领域都可具有品质

旧：创意产业还没有被认真对待
新：这个行业部分带动了新经济，是城市财富显著的贡献者，从而被有力支持

旧：艺术从根本上内在于艺术机构
新：文化和艺术活动也鼓励外部表现和延伸计划

旧：城市是艺术和文化活动的生产者
新：城市是艺术和文化活动的激发引擎

评论：很多国家商业和非商业领域的地位差距明显，北美和巴西稍好一些。文化发展通常被用传统眼光看待，最主要的文化机构就是"文化"。于是，大量的文化资助就流入这些部门。这些文化部门基本上还是作为文化的生产者，而不是文化的触发引擎。人们倾向于把艺术就看作是高雅艺术，而不是以质量方针来衡量各类型文化的优势。还有一种倾向是把艺术内在于艺术部门，而不是让它扩展到公共领域，促成更多容纳普通市民的延伸合作项目。

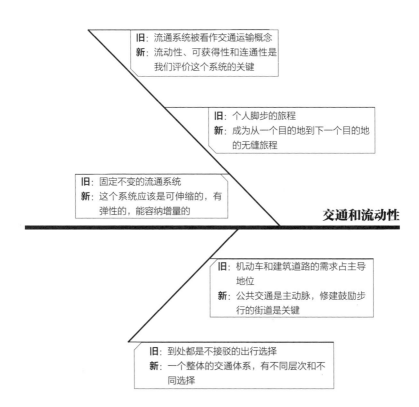

旧：流通系统被看作交通运输概念
新：流动性、可获得性和连通性是
　　我们评价这个系统的关键

旧：个人脚步的旅程
新：成为从一个目的地到下一个目的地
　　的无缝旅程

旧：固定不变的流通系统
新：这个系统应该是可伸缩的，有
　　弹性的，能容纳增量的

交通和流动性

旧：机动车和建筑道路的需求占主导
　　地位
新：公共交通是主动脉，修建鼓励步
　　行的街道是关键

旧：到处都是不接驳的出行选择
新：一个整体的交通体系，有不同层次和不
　　同选择

　　评论：无论从经济还是控制污染角度，将机动车置于首位的交通系统被发现是越来越不合适的。很多城市都重新意识到交通作为流动和移动概念的特点，并拥有了整体性的交通系统，在这里行人的需要是第一位的，汽车更多只是客人。一个明显的转折是阿姆斯特丹从 1999 年开始的"自由骑行运动"，接着是 2007 年巴黎自助自行车（Velib）共享行动，伦敦的类似项目从 2010 年开始。这方面的发展各地有所差别，比较而言欧洲的进展更快，有很多新的尝试正在进行。然而更多城市，尤其是北美城市，仍然停留在以机动车为本的城市理念上，使得人与人交往更加困难。

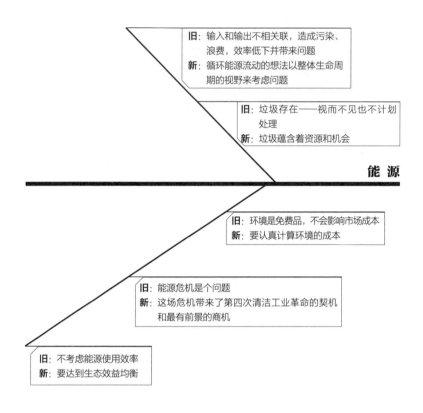

旧：输入和输出不相关联，造成污染、浪费，效率低下并带来问题
新：循环能源流动的想法以整体生命周期的视野来考虑问题

旧：垃圾存在——视而不见也不计划处理
新：垃圾蕴含着资源和机会

能 源

旧：环境是免费品，不会影响市场成本
新：要认真计算环境的成本

旧：能源危机是个问题
新：这场危机带来了第四次清洁工业革命的契机和最有前景的商机

旧：不考虑能源使用效率
新：要达到生态效益均衡

评论：对环境议程的关注已经显著提高。现在几乎所有规划都宣称自己是可持续的，很多都会谈及生态城市概念，但是在巨大的商业和政治利益面前，能做到的并不多。

城市面临的挑战之一是表达他们治理自然环境的意图。欧洲的绿色城市——德国弗莱堡（Freiburg）使用了一些简单策略，如在地名命名中彰显他们的碳平衡理念，以及推广新的审美观，让艺术家与建筑师在"城市想变成绿色"的理念下团结起来。瑞典马尔默（Malmo）的西部港口（western harbour）发展是另一个好例子。一座城市表达自己更高的道德追求也是创意城市要面对的一项挑战。做得好的话这能够提供动力，注入自信，并提升城市作为创新地区的品牌形象。生态会计（Eco-accounting）正在成为欧洲1000多座城市的主流，德国在其中引领潮流，然而城市内部的交流仍然不足以引起人们的行为变化。

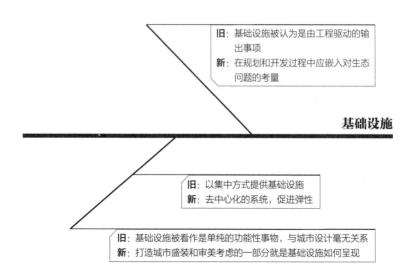

旧：基础设施被认为是由工程驱动的输出事项

新：在规划和开发过程中应嵌入对生态问题的考量

基础设施

旧：以集中方式提供基础设施

新：去中心化的系统，促进弹性

旧：基础设施被看作是单纯的功能性事物，与城市设计毫无关系

新：打造城市盛装和审美考虑的一部分就是基础设施如何呈现

评论： 存在一种对功能主义的强调，东西就是要能用。但从电线杆到桥梁，到道路，到主体交叉道，到学校等等这些都可以看上去富有美感和吸引力。这些和不断提高基础设施的使用体验和可观度是相辅相成的。

结论： 新思想是打造创意城市的着力基础。

创意的特点

品质与性质—————————————————————

创意是一种可以全方位解决问题、创造机会的能力。创意可以用于单一计划，创造或更新某个机构——或者一座城市的发展。其本质是富有多样资源、评估能力以及解决特殊疑难问题的能力。它通过各种综合能力成就一个探索过程：想象各种可能性，提出新概念、新想法，有远见也能执行。潜力通过创意爆发出来。

从想象力到创意，要通过智慧、发明创造力以及反身性学习等路径。不仅在科技和经济领域，创意对社会、政治、组织、文化和城市同样有价值。现在，创意在艺术和科学范畴中被广泛讨论并已合法化。这些领域各具特色，为我们以全新眼光看待世界、发明新事物做出了重要贡献。

但创意的重要性不限于艺术和科学领域，而是放之四海而皆准的。它涵盖无论是反思学校和教育以进行更有效的学习，还是发明新的保健和物流系统以使生活更便捷，重置组织架构使人们工作更有效，调整城市规划促进人们的相遇与融合，提出新的商业模式，抑或是通过众包形式让人们提出革新想法等各个方面。无关乎你服务于经济、社会、技术和文化哪个领域，也就是说从原则上讲，公共管理者、城市规划师、社工、商人、教师或历史学家都能像艺术家或科学家一样富有创意，创意仅取决于他们的思维方式，以及应对挑战的方式。

不同学科对待创意有不同的态度，创意也具有不同的含义。举个例子，对工程师来说，你需要的是注重细节，分析的、逻辑的和系统性的方法，以及解决问题的能力；对一个项目经理来说，你需要的是对项目目标清醒的理解，对团队中每个成员的角色了然于胸，对绩效的强调和协作能力；一个社工则要乐于助人，在情感上足够成熟，能够客观并敏锐的体察别人的感受，接受所有差异，不评判；艺术家则不能循规蹈矩，应富于想象力，将人们推向更棒的见解和可能性，他们也应该时常考虑自己是不是足够有美感；对于科学家来说，他们应能提出好的假说，并做到严格、明晰、精确。对所有这些职业来说，创意都是能够做到的，尽管在有些任务中它不像对设计师那样是第一要务。基于此，工程师可以重新考虑桥梁如何工作，项目经理也可以发明新的工作流程，一位社工也可以试着以新的形式与客户相处。

关键是现在人们都认识到创意能够为商业增值，即使是那些从前我们觉得不太需要创意的行业，比如工程建筑、城市发展、餐饮住宿业等。创意既可以是普遍性的一套思维方式，也可以是独特的、以目标为指向的、为个别领域服务的。

创意之心

创意能力首先需要我们的好奇心——一种问询探究的行为。好奇心撩动想象力——在脑海中构思图景的能力。这两步是创意的元素。好奇、有想象力、有创意都是开放性的过程，意味着无尽可能。这需要物理组织环境和各种管理文化来配合。创意和点子都需要现实来检验，以判断它们究竟是否有用、可行。通过验证就形成了发明，进而被应用就是革新。

创意需要一种特殊的心智和情绪状态，对个人、组织和城市来说概莫能外。这些品质包括：好奇心、开放心态、爱提问，也愿意后撤一步倾听和重估，拥有不接受陈规、敢于跳出藩篱的勇气，以及对不同事物间联系的敏锐觉察。这种心智也包括能从不同领域汲取灵感的弹性，这将带来更多可能性，帮助重估现有模式，以便找到更好的解决方法，而非简单停滞在一个特定答案上。

创意不仅仅在于保持开放性，你还需要有判断力，知道什么时候要开放、要富于弹性，而另外一些时候要更专注或坚持己见。创意就是要无拘无束是个错误的概念。创意需要像科学家或是工程师一样的集中注意力。关键是这种专注力的着力点不同。比如在教育领域，有创意的学习者具有五种品质：发现新问题而不是靠别人找问题；把学到的知识融会贯通；把学习当作是积累过程；相信反复努力终将带来成功；有前进目标。所需要的能力包括：自我组织、跨领域。

原则上讲每个人都是富有创意的，但每个人的创新性并不相等，尽管他们在当下基础上都还能提高。组织机构、社区以及城市区域也都如此。创意性的某些方面是能够习得的，但太多人和机构都在思维路径上墨守成规。有些人得益于自由不羁的思考场域，有些人则会感觉受威胁或不稳定。看上去绝大多数人和机构都更愿意待在已知的、已经试验过或证明过的舒适区域（comfort zone）。

当两种心性共同存在时，创意行为和创新的能力就产生了。一种是探索性的、寻求机会的以及能够将事实、问题和专业知识进行水平分布，并能探知线索、主题和交叉剪辑议程的关联性头脑——与创新相关的支持性心性。它需要和另一种专注的、在某个主题或学科掌握深入知识的垂直式头脑——工具性心性——相结合。

一个有创意的人有多种企业家的品质。他们总是充当活跃的代理人，把点子、可能性和资源组织起来。事实上，想出一个点子，和把它付诸行动进而推向市场，所具有的创意性难分伯仲，需要的能力差别很小。

创意与创新————————————————

创意和创新是两个经常被混淆、混用的概念。尽管它们意义相近，但这样混用是不合适的。创意是创新得以在下游产生的前提，没有创意就没有创新，创新是创意过程结出的积极果实。

创意展开了各种可能性。与之相比，创新则是一个分类、训练、检验的会聚性过程，从而对新想法、产品、程序或服务进行成功开发。在这个过程中，那些无效的主意将被抛弃。公共领域的创新即关于那些能够创造公共价值的新主意。它们至少部分是全新的（而不仅仅是改进），它们必须被实践（而并不仅仅停留在想法），它们也必须有用。[1]这里的"公共价值"是一个和私人领域中的金融增值可以类比的概念。

为了抓住创新的原动力，分析者们现在强调一

_____

[1] 杰夫·摩根（Geoff Mulgan）语。中文译名周若刚。英国 Demos 智库创始人，英国首相策略办公室的顾问，英国前首相托尼·布莱尔的政策顾问，被誉为英国社会创新之父。著有《蝗虫与蜜蜂：未来资本主义的掠夺者和创造者》《大思维：集体智慧如何改变我们的世界》等。——译者注

个系统中的所有参与者之间的交流和互动，比如一座城市中的工厂、大学和各种公共机构——他们接近了关于地方创意生态，或者叫创意路径或环境的思考，这是一个能创造条件让人们带着想象力去思索、计划和行动的地方。于是，创意和创新计划便结盟了，尤其是在考虑它们如何被衡量时。关于创新的思考从仅仅关注投入转变为更加体系化，因为很显然，一个公司的研究水平和发展经费并不必然产生创意并导入创新。更宽泛的条件——创意氛围或组织文化——才被认为是决定一个地方创新能力的关键，在这里良好的教育和技能或充裕的研究经费等都是必要条件。现在对创新指标的讨论，包括"全面创新"或"隐性创新"等理念，就将注意力吸引到创新思维何以需要渗透在整个环境中。

评估创意和创新，有助于我们理解新点子产生、实现、被采用、被传播的整体过程的来龙去脉。如何从创意走向应用创新，意味着要同时观照一个城市的文化背景和价值基础，因为这决定了一个地方能变得多么富有创造性。这种更广阔的创意运作环境帮助描绘出影响发明和创新进而影响公司、集群、创新本身和创新网络的动态关系。

换句话说，我们需要注意的是新想法、工序、模型或技术是如何扩散开来的，是如何被创造出来的，以及要维持创意生态，终身训练和学习的不可或缺。

再论价值

价值创造正在被重估。在我们讨论创意性的时候，会关注什么是其本质，谁更加有创意，以及创意在哪里，而在商业领域内部则存在着激烈的关于创新的必要性与实质的争论。这些讨论并未能有效地碰撞。在创新争论中，焦点已经从"投资为基础的竞争舞台"（在这里有竞争力的表现在于生产出标准化有品质的商品与服务）转向了"创新为基础的竞争舞台"（有竞争性的表现靠的是在技术前沿有效持久地产生创新产品与服务）。简单来说，有必要创造出创新。

目前有两个主导性的概念。其一是"体验型经济"，商业瞄准的是为顾客提供印象深刻的产品或事件，即"体验"，这是以电影、设计、音乐和新媒体等行业为中心的。"创意经济"就强调怎样靠点子赚钱，以及怎样通过媒体设计和表演为所有商业门类提供附加值。其二是知识资本主义中的潜在新风尚，诸如开放资源的革新如何在用户需求驱动的产品发展及共同创造路径上不断演进。以拟真、交互、无处不在和体验为渴求的新 IT 平台和 web 3.0 将加剧向共同创造和新产品与新服务的这一转变。

经济、社会和文化在演进，催生新的需求。有无必要的品质、设计的附加值、革新的需要，现在再加上创意，显示了在评价某机构、城市和地区成功与否时的焦点转向。它们共同作用，构筑了一种新常识。它们是竞争的工具，其目标是将这些品质嵌入内在的基因中。深层动力可以解释它们的过人之处。品质要求责任心、对细节的注重和高标准的维护。必要"品质"的门槛越来越高了——它强调一种兼具可靠性、连贯性、可预测性、不断提升以及应景应时地产生这些特点的理想状态。全品质管理要求你必须时刻警醒、时刻调适、时刻响应。持久地提升品质不再是唯一的诉求，而是要在思考和解决问题方面取得突破性进展。在品质范式里，提升代表一步一步地向某一方向的改变。而创新则意味着多角度前进，以及时有突破。传播一种独特的解决方案变得比传播一种高品质的标准方案更重要。创新设计的品质成为差别因素，设计差别创造竞争优势，设计将功能性和美学结合在一起，它把创意变成创新的桥梁。制造丰富体验的渴望使得好的设计成为成功的前提。

企业永远需要创新。在全球竞争的压力下，这种创新的速度必须越来越快。创新的范围也越来越广，不仅是私有企业中的产品创新，还包括诸如医疗保健、社会服务、提供服务的新形式以及管理等公共领域。越来越清楚的是，创新思维最关键的问题就是想象的能力，创意是创新生成的先导和先决条件。

个人、机构和城市的创意性——————————

尽管上面我们讲的基本创意原则是普适的，但个人、机构和城市的创意有其差别。我们很容易想到有创意的个人是什么样——能够做有趣的连接，能够跳出藩篱来思考，总能迸发思想的火花。他们活力四射，有时候知道自己的目标，有时候其实也并不清楚。对于一个创意性结构来说也是这样。但两者优先考虑的事情是不同的，这就让问题变得复杂，也有了不同的动力。

一个有创意的机构也许不乏标新立异之人，但它也需要其他类型的人：统合者、怀疑者、团结者、平衡者以及那些会处理人际关系的人。有些人会觉得他们无趣——这是危险的，因为一个有效的创意机构需要一个综合的团体，需要有各种潜质与洞察力的人们。机构中的团队如何像一个整体那样共同工作，就变得非常重要。需要有一系列的平衡，比如内部的团结协作，以及可能要利用外部竞争来激励向前。机构需要一个故事和一个预定轨道带来目标，提高内部凝聚力。这是一个将内部团结起来以面对外部世界的任务。实际上一个有创意的团体也许有着非常"普通"的成员，但因为其精神气质是开放的、充满好奇并相互支持的，便激发了每个人的潜力，也使得他们更好地在一起工作。在这个过程中，发展了团体中各部门、各成员间的信任，这是持久发展取得更大成就的关键。这样的事经常发生在体育团体中，有些团队的成员看起来并没有太高天赋，但他们却会取得胜利，因为这个团队懂得怎样让每个人做到最好。其关键就在于——开放包容的精神——精神的力量无法估量。

下面我们进入复杂性的另外一个层面——创意城市——当你把大众，还有文化、目标、态度都不相同的各种机构都包括进来时，问题的复杂程度就成几何级数增长。它们可能向相反的方向推进，权力、影响力以及资源都会不同。有些领域，比如公共领域可能会变得更统一，但有些局部却会更分裂，例如商业或社区。把这些力量都协调一致，让它们发挥各自最大的作用，是件很难的事情。例如，有些团体可能想的是扩张城市地盘，而另一些关注的是可持续发展。或者，一个组织想要展示良好的文化领悟力，帮助社区应对变化，而另外一个则根本对这些软性的、看不见摸不着的东西不感兴趣，哪怕它们很重要。我们要迎接的挑战就是找到大家的共通之处，在此基础上使共性大于分歧，构筑一个共同的视界。

这意味着为了给一座城市或者其发展原则找到方向，在不同的
群体中构建伙伴关系是关键。我们不必在一切事务上都达到完全的
意见一致，因为创意就产生于紧张关系，从这种紧张中才能诞生新
的机会和解决方案，这里会有讨论、争论甚至是争吵。

关键数量与规模

创意潜力由背景因素设置，这些因素通常超出了一个地方或一座
城市的控制范围。它们包括地理位置、地理环境、幅员规模、国家政
治或中心化水平。比如在西班牙的毕尔巴鄂，一个重要的挑战是，世
界在转向东方，面对大西洋使其发展的可能性受限。地理位置使得
毕尔巴鄂不能像新加坡那样成为转口港。另外，毕尔巴鄂有115万居
民，再加上巴斯克地区的215万人，这太少了，难以取得某些成就。
在评价创意时，我们对一个有5万居民，或25万、50万、100万、
300万甚至是1000万居民的城市有着不同的期待。为了达到某些目
标，大规模人口是非常关键的。例如，小地方很难培育出工业集群，
但如果有些关键性的眼界开阔者，就像比利时的根特（Ghent）和亨
克（Genk），也可以做到更好。非常大的地区也容易机能失调，从而
降低创意潜力。

设置和路径

创意需要物理的和组织的环境、设置以及一种鼓励创造的管理理
念。很多组织、机构或文化会粉碎其雇员的或教育案例中学生的内在
动机——出于爱好和兴趣去做某件事的强烈的内在欲望，在不经意间

摧毁了他们的创意。

那些激发个人或机构创意性的环境、公司或地方具有一系列特点，包括通过充分授权给予人们自由和自主权；给出程度合适的挑战，既能达到又足够锻炼人；愿意为训练甚至是犯错提供时间、人力或财力；营造一种支持性的团队氛围，让人们愿意献身于事业和彼此，在这里分享不同意见来完善一个主意、流程或产品；还要营造一种重视和奖励创意的氛围以达到管理和组织上的支持。显然，这些都会影响到公司、中小学校、大学或城市地区如何运作。

一种新的组织精神正在形成。不同于 20 世纪晚期那些简单强调效率或效果的口号。先进的 21 世纪初的企业或公共机构的运作特点是强调提供更多资源，更富于策略、积极响应、有想象力。

创意的应用是情境驱动的。在 19 世纪科学家们在治愈霍乱的过程中表现出的创意促进了公共卫生的发展；在 20 世纪，计算机的发明最终导向了互联网经济；在 21 世纪，我们需要创意来促成第四次清洁、绿色的工业革命，解决社会融合与福祉，以及重估卫生健康和社会服务等问题。要采用与以往不同的方式做事，或者做不同的事，这需要人们以不同的方式思考。

起源和行迹

大转变

　　创意城市的理念起源于 20 世纪 90 年代早期的欧洲，作为对经济全球化的回应，以及基于贸易和生产向亚洲尤其是中国转移这个新形势所做出的整体重新布局，其发展特别得到了新通信技术的重大进步和运输成本降低的助力。

　　由此引发的结果是，西方城市，特别是欧洲和北美城市需要从原来的依赖工业生产转变为更加依赖基于研究和高技能人群的富含创意的生产与服务。它们需要为所有活动增加附加值。

　　这样的变革过程曾使很多城市陷入迷茫，它们寻求答案，但发现已经被自身的过往所束缚。城市的结构决定了住房修建在哪里，为了满足工业需要应该建造何种类型的房屋，以及如何为了满足生产物流需要而安排交通。大转变席卷整个世界，带来了空荡荡的厂房和寻求转产的工厂。大规模的城市更新和再发展开始了。有些人希望清空一切重新开始，另外一些人则认为这过于简单，在这个过程中会抹杀城市记忆。他们说，这种失落感非常残酷，会带来负面影响；他们提出应该有选择性地对旧材料进行再利用。

　　在这个强有力的大转变中，当城市从一个阶段进入下一个，应该问自己关键性的问题："我的角色和目标是什么"和"有效的管理和组织我们城市的最好方法是什么"。这一问题直指心灵，世界上很多城市得出结论——传统的行为方式已经不合适了，其原因包括：

* 不能为学生和成人做好面对新世界的准备的教育

- 公私领域中旧有的组织、管理和领导方式，其管控理念和科层制不能为正在出现的全球竞争提供弹性和灵活适应性
- 处理工业遗产的城市规划不懂得如何使一个城市更迷人和更有竞争性，也不懂得劳动者们希望从城市获得风范和深刻知识
- 只追寻"价格低廉"却不介意"品质上乘"的发达工业

坏毛病的产生

近来更多因素的出现使我们对创意与新解决方案的需求更加迫切。让我们看看新的环境，包括持续增长的城市人口、绿色和可持续发展、过度肥胖、地方性匮乏，一些城市的贫困或需要新的竞争性。为了认真对待这些问题，我们需要新的思维和行为模式。有些人把这种情况称作"坏毛病的出现"。很多领域的公共政策有重大问题，比如既是健康也是社会问题的过度肥胖。"坏毛病"看上去难以去除，由很多有内在联系的困境构成，交织着政治、经济和社会问题。传统方法改正不了这些毛病，因为传统办法只能清楚罗列，并一步步分析解决问题。这些毛病并没有明确的或特别的"正确"解决公式，不同的利益相关者看待问题和解决方式的角度不同，经常会受到不同意识形态的影响。数据也通常是不确定的、难以获得或者丢失了。这些和其他问题有

关联，每种解决方式总是会带来新的需要调整的方面。找到改正"坏毛病"的办法，就是创意大显身手之处。

城市愿景

总体来说，很多城市都认为它们需要一种新的愿景，但对什么是创造这些愿景的最好方法出现了激烈的讨论。

回顾一下历史我们会发现，规划总是从上至下制订的。城市建设的决定最初都是威权的甚至是独裁的。这也是 19 世纪中叶豪斯曼男爵（Haussmann）在得到法王拿破仑三世的上谕后完全重建了巴黎的原因。从那以后巴黎变得更系统化，更官僚化也更中心化，其实在很多方面到今天仍然如此。当城市规划成为一门专业，它基本上是封闭的，规划是由"精英"决定的，主要考虑的是土地利用、道路修建和工程等问题。他们几乎不和那些会受到这种规划影响的普通人们交流。后来城市规划逐渐变得更开放、更有参与度，决策过程会把那些直接受到影响的人们也吸收进来，以各种方式汲取他们的创意。共同创造（co-creation）是个新的口号，有几个原因，首先是民主的驱动，其次也可能是最重要的一点，让人民参与规划会使其更持久。人们感到被尊重，生发自豪感，对物品更珍惜；建设项目变得更耐久，因为它们反映出地方性知识，能带来那些中央所看不到的新解决方案。

在欧洲、北美和澳大利亚的城市，创造城市景象过程中引入了越来越广泛地征求意见环节和协同工作。这样做的部分原因是过去的规划模式被认为是失败的，引起了很多令人不满的环境问题和缺乏灵魂的市政问题，尤其是大多数发展都以汽车为中心或者是带来一种缺乏身份认同的城市扩张。今天的公众意见已经强大到令决策者无法忽视。尽管广泛征求意见费时费力，而且会引起对各种可能性的期待以及争论，但总体上讲它还是被看成利大于弊的。一个重要的咨询私营或社会部门的理由是为了让它们买进，因为很多发展需要私营企业的投资。

但有个困境经久难脱：更富于想象力的愿景到底来源于谁？是单个人还是一个领导小集团还是广泛征求意见抑或是公私利益团体的合作？中国和中东国家显然能够承担更雄伟壮丽的工程。基本上它们都属于上层驱动。近来的城市打造类型都不太可能来自地方性的洞见演练，首先，人们可能不觉得他们有权利做如此巨大而勇敢的决定；其次，民主进程需要漫长的时间来完成，这样不同利益相关者才能够达成复杂的共识。再次，还要考虑到新的因素，诸如环境问题等。

20世纪90年代伦敦或墨尔本的城市更新揭示了这个问题。显然，伦敦和墨尔本码头区都需要发展，因为船运的变化，港口已经转移。大量地区已经腾空，带来了新机遇。当地政府可能缺乏向前迈步的勇气，导致这些地区停滞下来，人们认为这正是城市领导的失误之处。英国和维多利亚政府介入，越过了当地民主及其规划程序，派来外来的发展机构，在额外的政府资源的帮助下，以更加集中的方式开展更新改造。这是一种既积极又消极的经历。在伦敦出现了一个新的金融区——金丝雀码头（Canary Wharf）和一批高档住宅。墨尔本也发生了类似的变化。这两个案例中，都出现了"他们没能创造出更包容、更混杂的社区"的批评。今天城市规划策略的挑战就在于要同时进行自上而下和自下而上的两种考量。

城市愿景随时间而改变。最近的二三十年人们说着差不多的话，用类似的词语，诸如"我们需要可持续发展""高品质生活""受良好教育的人口""优质道路和公共交通"等。可能二十多年前这听上去还挺时髦，但今天谁又会想要"不可持续的发展"或者"教育水平低下的劳动力"？这都是基本的城市维护的课题，每个城市都需要面对。更有洞见的元素是那些"额外的"，或者只有你们这一座城市在做的事情。这取决于每座城市不同的理想和愿望。例如，也许是最绿色的城市，但这如果是城市愿景，就需要更加具体明晰，更加有野心。只说我们想要可持续，已经变得越来越空洞无物。

创意路径与传统方式的区别在于后者总是说"我们会进行考察，但这些是规则"，所以愿景总是被现存规则所局限。而对于创意者来说，愿景就是要通过无拘无束的方式创造出来，应该问的是："为达到我们的目标，哪些规则需要被重新考量，重新调整？"

创意文化

当我在20世纪90年代[1]介绍创意城市概念时，被认为是有抱负的，是个鼓励开放胸怀和想象力的标准。其目的是为了对组织文化施加影响。"创意城市"的哲学是任何地方都有着比乍看上去更大的潜力。我们需要做是创造条件，让人们能够在面对机遇和解决城市问题时带着想象力去思考、规划和行动。内容包括：处理无家可归问题，

---

[1] See Charles Landry, "Glasgow: The Creative City & Its Cultural Economy", Glasgow Development Agency, 1990. Charles Landry and Franco Bianchini, *The Creative City*. Demos, London, 1995. Charles Landry, *The Creative City: A Toolkit for Urban Innovators*. Earthscan Publications, London, 2000.

发展新商业模式创造财富，拓展和美化视觉环境，重新利用旧建筑举行活动促进社会交往等。这是个积极概念，其前提假定是平凡人只要有机会也可以创造非凡。

威尼斯的双年展

创意城市理念强调创意文化应该被嵌入城市利益相关者行动的每个方面。通过刺激创造力，鼓励在公共、私营和社区的每个空间都注入想象力，解决城市问题的方法和潜能都增加了。这是因为多种多样的思考能够带来多种选择和理念。这些思考需要被协调、整理，把各种可能性逐渐挖掘出来，最终将好点子和坏点子分开，就是说一切要被现实所检验。

创意城市需要超出建筑、道路、排水系统等硬件之外的基础设施，要把硬件和软件结合起来。这包括城市面对机遇与麻烦时的心理倾向和心态，城市为营造气氛而创造的环境条件和生发机制、监管机构。

一个城市只要还有创意就不会终结。这个概念是动态而非静止的，与其说它是个计划，不如说它是个过程。在评估机会时我们需要永远保持警惕。一个创意城市是个不断进化的地方。

艺术和创意经济

创意城市的历史————————————————

为了理解创意城市概念的进化和发展，回顾历史了解时间脉络非常重要。否则我们很难明白各种元素是怎么组合在一起的，以及人们为什么会对什么是创意城市持有不同的见解。

今天创意已经被应用在各个领域，但回到 20 世纪 80 年代，它的几乎所有组成成分已经发展起来，其关键词包括：文化、艺术、文化规划、文化资源以及文化产业。 这是因为首先在英国，然后是美国和欧洲，人们开始意识到：

- 一种新经济正在崛起，设计、影音、数字化和会演等变得越来越重要
- 当建设和工业发展对城市的样貌越来越具有压倒性的影响力时，城市环境会随之变得越来越同质化、标准化、沉闷
- 城市旧有的肌理被以城市更新的名义不假思索地破坏，没人考虑"旧"的价值，及其如何与"新"融合起来
- 文化体验被商品化，全球化使得每个地方看起来、感觉起来都差不多，因为相似的品牌统治着一切
- 地方特质不断被削弱、被锈蚀

文化艺术的经济价值和影响————————————

从 20 世纪 80 年代早期开始，创意城市发展轨迹中有了一个重要

的变化，艺术群体开始论证它们的经济价值并计算它们对经济的影响。开始的契机是 20 世纪 70 年代晚期到 20 世纪 80 年代早期的经济危机引起它们得到的资助与收入减少。要论证公共投资应投向艺术变得比较难。这种情况首先发生在美国，然后是英国、澳大利亚，到 90 年代就波及了欧洲和其余地方。

早期的研究者包括华盛顿特区的"宜居城市伙伴"组织（Partners for Liveable Places），该组织的创始人罗伯特·马克努提（Robert McNulty）在哈维·珀洛夫（Harvey Perloff）的鼓励下，启动了一个记录设计与文化设施的经济价值的项目，他最开始在洛杉矶计算文化活动（不包括其电影业）的价值。他们的"舒适经济学"（Economics of Amenity）项目阐述了一个社区的文化活动和设施、生活质量如何与经济发展、就业创造息息相关。这个项目后来促使该组织推广"文化规划"这一想法。另一项早期研究由帕特里夏·琼斯（Patricia Jones）在 1983 年代表纽约港务局进行，名为"艺术作为一种产业：艺术对纽约 - 新泽西大都会地区的重要性"（The Arts as an Industry: Their Importance to the New York-New Jersey Metropolitan Region）。在英国，约翰·米尔斯科夫（John Myerscough）的"艺术的经济意义"（The Economic Importance of the Arts）和他对格拉斯哥的后续研究都很重要。

早在 20 世纪 70 年代后期，联合国教科文组织和欧洲理事会就开始研究文化产业。从城市角度来看，学者尼克·格哈姆（Nick Garnham）很重要。1983年4月，他被调往大伦敦议会，他成立了文化产业部，将文化产业列入了城市政策议程。他认为，媒体和艺术活动应当关注商业可行性，而不是与之保持对立，因为市场和真正的观众有其益处，而且可能对改变媒体行业格局产生更为巨大的影响。这种思维和专业部门的概念被许多其他城市效仿。因此，笔者的机构康姆迪亚制作了许多研究报告，强调这一部门在不断变化的城市里的力量和潜能，报告涉及多个不同类型的城市，包括伦敦、格拉斯哥（Glasgow）、曼彻斯特、伯明翰，然后是巴塞罗那、克拉科夫等欧洲城市。一个重要转变已经发生，其中关键性的一步是，艺术越来越多地被视为工业部门的一部分。比如音乐产业，它主要是商业性的，并不寻求公共资金的投入。随着时间的推移，许多重点关注文化产业（后来通常被称为创意产业）的经济发展机构陆续建立。

这些研究表明，音乐、视觉和表演艺术、出版或影视加起来代表着一个重要的就业和盈利部门。后来的研究又把博物馆和辅助产业——例如建筑服务和房屋拍卖计算了进去。这些表明当你把整个供给链加在一起，整个部门大概能占到比较大型的城市如伯明翰或曼彻斯特经济总量的5%，在伦敦这个数字超过了10%。这一系列关于其经济影响力的研究非常重要；还有一个重要时刻是当它们在20世纪80年代初就指出英国音乐工业的出口比汽车制造业还大时，吸引了国家决策者们的参与。

这种影响力研究变得越来越深入，更多因素被考虑进来，比如艺术文化对于一个地方的形象、身份认同或游客吸引力所造成的影响，后来甚至还有其他软性因素，比如参与艺术如何影响人们对自身力量、自信和胜任能力的感知。不同类别的创意对城市和经济是重要的这一理念慢慢被接受。

伦敦

文化和创意产业的兴起—————

到了 1997 年，英国政府已经被前几十年的证据所说服，成为第一个以国家政策为文化产业重新命名的国家，启用了"创意产业"这个奇怪的名字（因为其实工业整体都需要创意，并不只是音乐、设计或电影工业）。可能他们是为了避免"文化"一词的政治解释，因为起初提出文化产业概念的总是各种社会运动，其对身份和权力的关注时常挑战时局。

当时的英国政府通过"文化媒体体育部（DCMS）"对这一经济部门的价值进行了大型研究，它所列举的行业具有以下特点："源于个人创意、技能和才能，有通过生产、利用知识产权创造财富和就业的潜力"，具体包括广告、建筑、艺术和古董市场、工艺品、设计、设计师时装、电影、视频和摄影、软件、电脑游戏和电子出版、音乐和视觉表演艺术、出版、电视和广播等（DCMS 2006）。这份 DCMS 名单一直具有全球影响力，被其他许多国家正式采用。当然也有人指出它的不足之处，例如，将这一领域划分为不同的行业，淡化了其中的重要差异，这种差异存在于生活方式型企业、非营利组织和大企业之间，或享有国家补贴（如电影）与不享有国家补贴的行业（电子游戏）之间，等等。事实上，创意产业领域有大量企业是微型的——根据一些英国组织的估计，大约有90%是微型企业——它们中绝大部分并不想扩大规模，而是希望保持小而灵活、敏捷。虽然如此，该领域排名前几位的公司也可能像华纳兄弟或维亚康姆一样庞大。

一段时间后，欧洲大陆其他国家和城市开始进行类似的研究。迟至 2001 年，欧洲联盟才认识到这一经济部门的重要性，首次对其进行了综合评估，报告名为《开发与发展数字化时代文化部门的就业潜力》（Exploitation and Development of the Job Potential in the Cultural Sector in the Age of Digitalisation）。从那时起它就成为欧盟的一个重要关注点。 2005 年，联合国贸易和发展会议（贸发会议）成立了"创意产业与发展"高级讨论小组，标志着这一领域的重要性得到国际认可，该贸发会议在 2008 年发表了一份报告。

其间，关于这一经济部门的定义和名称——文化产业、创意产业、还是创意经济——有过很多争论。目前正在形成的共识是，创意经济是一个发展经济乃至发展城市的平台。其核心包括三个主要领域：

- 媒体与娱乐行业
- 艺术与文化遗产

- 创意 B2B 服务

后者或许是最重要的，因为它可以增加所有产品和服务的价值。设计、广告和娱乐尤其能够驱动整个经济的创新，形成所谓的"体验经济"。这使城市变得令人瞩目，同时也让采用艺术家提供想象力的做法越来越多。

约翰·霍金斯（John Howkins）《创意经济》（*Creative Economy*）一书做出了重要贡献，其提出创意经济包括以下四个"创意产业"的产品的交易活动。

- 版权产业：以生产版权作为主要产品的行业，比如广告、计算机软件、摄影、电影
- 专利产业：生产或交易专利的行业，比如制药、电子、信息技术、工业设计、工程
- 商标产业：基于商标和品牌保护的各种类型的创意企业
- 设计产业：基于个性设计的各种类型的创意企业

以上与英国政府对该领域的分析方式有所不同。

总而言之，在旧经济中，生产规模无限扩大会导致收益减少，因为用于生产的资源会越来越稀缺，从而使得生产成本增加。创意经济则没有限制：更多新想法的诞生，随之而来的创新催生更多的交易活动，使由此产生无限增长的收益成为可能。

文化资源

从 20 世纪 80 年代起，文化资源的概念就成为创意经济发展的中心。地方特点、艺术和文化产业的增长与城市发展之间的联系变得越来越重要。当城市更新项目越来越多时，人们开始担心标准化的城市建设模式只瞄准物理更新。项目一次又一次地被重复，而城市与城市之间看上去越来越像。经济发展计划也对城市潜力的宽阔阈值考虑不够，社会和文化因素才是复杂升级、更新工程的核心，目前来看很多地区的人们对这一点理解不足。

有关文化的思考走到了舞台中心。如果官方能看得更透，就能发现那些可资利用的隐形资产。通过了解和追随地方文化的流动，街区和城市将被激活，增加居民的自信和自豪感。这些文化性格又会继而形成未来的可能性。如果文化是内向的、狭隘的，展示潜在资源会拓宽其视野；如果这个城市的传统就是开放的，那么这些资源会激发其灵感。

文化资源是一个城市的原材料，其文化态度是城市的价值地基，资源则代表着煤炭、钢铁或黄金。创意就是利用这些资源，帮助它们增长并适应新情况的办法。城市规划者的任务就是负责任地认识、管理和利用这些资源。对文化的欣赏应该主导城市规划和发展，而不是只被看作当重要规划问题——诸如住房、运输和土地利用——都已经被解决之后的一种附加调料。所以文化视角应该涵盖规划、经济发展和社会事务等各个方面。文化资源表达了一个地方在哪里，为什么它是这样，以及它的潜力会去向何方。这个角度会让人们把目光聚焦在任何独特和卓越之处。

城市纷纷开始关注自己的独特性质。赫尔辛基，因为地理原因经常都是黑暗的，他们看到了自身对光明的追求，于是将城市声誉和新型的灯光设计结合在一起；又如巴塞罗那，利用其手工艺遗产和以高迪为代表的独特审美，创造了一种革新指向的设计；慕尼黑则将其工程科学传统与高科技产品——如汽车——联系起来。城市资源体现在人们的创意、技术和才能之中。比方说，中国文化中制作瓷器、火药、丝绸、印刷品、家居、漆器或金属制品的艺术和知识，可以被融入制作与全球经济有关的创意产品当中。资源不仅仅是像建筑这样的"东西"，也包括标志、活动以及一系列地方特产如手工艺品、制造业和服务，就好比意大利克莱蒙纳的卓越的小提琴制作工艺，波兰克拉科夫的木雕技艺，或者是哈尔滨的冰雕——这个点子被很多城市复制。城市文化资源包括历史、工业和艺术遗产等各方面，包括建筑、城市景观和地标等；也包括地方性传统，如公共生活，节庆、仪式或故事，以及人们的兴趣爱好和热情所在，业余文化活动等。语言、食物、烹饪、休闲活动、服装和亚文化等资源和文化传统或地方专业知识一样重要，其广泛存在却总是被忽略，实际上正是它们表达着地方特性，也能够被转化成产品，行销远方。文化或创意产业的技术品质和宽广范围就包含在其中。

每种资源一旦被识别就可以再考虑发展出新产品和服务。新的技术与电脑系统能够适应并重塑旧的工作方式。

文化构图与文化规划

　　各种各样的城市资源被识别，带来了构图（mapping）的概念，因为我们需要将这些潜质系统化、顺序化并厘清。文化构图为我们提供了各种机会元素的一个概览和统合。

　　构图的概念实际上来源于帕特里克·盖迪斯（Patrick Geddes，1854~1932年），一个多才多艺的人[1]。他自身就是一个有趣的组合，既是生物学家，又是一百年前城市规划的先锋与革新者。他通过写作、展览和城市地区规划，强调在规划前我们应当将自己浸淫到城市的细节当中，"先调查再规划"是他振奋人心的宣言和信条。这一切在今天看来稀松平常，在当时却是了不起的革命。盖迪斯认为城市规划不是一门物理学科，而是由"人，工作和场所"组成的人文学科。他关心的是人们如何被他们生活的环境所塑造，以及人们的行为及其对地方的影响之间的交互作用。他的生物学背景也意味着他建立起了可持续发展和地区规划的一些关键性观念。他在著作《进化中的城市》（*Cities in Evolution*）中提前 100 年就预测了我们今天对于复杂性、城市样貌和设计的担心。

　　简单地说文化构图是一种能探寻潜质的好东西。它从各种角度定位和记录地方资源，无论是商业的、社会的、技术的或者文化的。它必须既关注硬件也关注软件因素。做这类研究需要各方面的知识：人类学的、历史学的、经济学的或者社会学的、心理学的。这意味着要评估社会和权力网络，以便抓住这个地方的活力所在。

――――――――――――――

[1]　帕特里克·盖迪斯（Patrick Geddes）是苏格兰生物学家，人文主义规划大师，西方区域综合研究和区域规划的创始人。――译者注

多种技术被用来搜集信息、观点和研究。主要目的就是为了得到一个综合印象。这包括了面对面访谈、分组讨论、调查、召开座谈会和工作坊等形式，后者的风格各有不同。通常他们会反馈暂时性结论，然后和听众一起发掘出新想法，或者共同提出新倡议和项目。

当材料积累足够时文化构图就成为文化规划。为了完成这个转变需要想象力和创造力以及能提供多种可能性的大胆想法。方法是不仅关注需求，也要关注企业机会和欲望；不光看到机会也要看到困难和局限。其方法是整体性的、跨领域的、注重协作的和平行的，试图建立机会网络（比安奇尼，Bianchini）。有了这些才能创造出一种新策略和行动计划。1988 年在墨尔本召开的第一次创意城市大会上，主要关注艺术领域的组织者之一大卫·严肯（David Yencken）提出了创意城市的几个关键主题，以及城市如何充分发挥潜力，他指出"创意规划要建立在文化资源和整体观念的基础之上，每个所谓的问题其实都是一次机遇"[1]。因此所有弱点都有潜在力量，即使是最不起眼的事物也可以被变成积极因素——这就是所谓无中生有。这些表达听上去可能是简单的口号，但实际上只要深信不疑，它们就会成为强有力的规划和创意的生发

---

[1] Charles Landry, "Helsinki Towards a Creative City", Helsinki Urban Facts, 2001.

机制。

这些都反映出伍尔夫·冯·爱克哈特在 1980 年《艺术与城市规划》
（*The Art & City Planning*）[1]一书中谈到的："艺术"一词的意义远比我
们一般理解的绘画或音乐那种"艺术"要宽泛。这里的艺术指的是带着
像做园艺一样那种思维和品质要求把某件事做好。他说："有效的文化
规划包括一切艺术，城市设计艺术，赢得社区支持的艺术，交通规划的
艺术和掌握社区发展动态的艺术"。比安奇尼还加上了"在公共、私人
和公益领域建立伙伴关系的艺术以及保障经济、社会和文化资源分配的
公正性的艺术"[2]。这一概念接下来又被笔者在《城市建设的艺术》（*The
Art of City Making*）一书中推进了。

文化和经历塑造信仰系统、教育的方向、媒体、旅游业、社区
发展、规划以及创意产业，这些又会反过来影响人们对一个地方的感
知。理解影响这种感知的因素是非常关键的，尤其要关注个人和社群对
文化的解释。因此，文化构图的应用既是在字面上也是在形而上的意
义上，超越了严格的制图技术；不仅包括土地，也包括以各种技术方
式记录下来的其他文化资源和信息，文化构图的主题是广泛、多样和
多元的。

城市更新中的文化和创意

这些概念都注入了创意城市理念。1988 年举行的两个重要的国际

---

〔1〕 Robert Porter ed., "The Arts & City Planning", American Council for the Arts Synopsis
von Eckhardt, 1980.

〔2〕 Franco Bianchini, "Urban Renaissance? The arts and the urban regeneration process",
in MacGregor, S. and Pimlott, B. (eds.) *Tackling the Inner Cities*, Oxford: Clarendon Press,
1990.

会议，将艺术和文化产业与城市联系在一起。一个是由英美艺术联合会在格拉斯哥举办的"艺术和变化中的城市：城市升级日程"会议。另一个是在墨尔本召开的，主题为"创意城市"的会议，该会议主要关注的是如何将艺术和文化更好地纳入城市发展规划过程当中。两次会议都记录了一个全世界普遍存在的发展进程——旧的工业建筑正在作为新部门的孵化器或艺术工作室被重新利用。部分是因为它们更经济，或者与城市中心相邻，或者在更偏远一些的地方，因为那里的旧工业已经死去，亟待更新。设计师、音乐家或者画家们是先锋和城市发现者，总是能被废弃厂房那种邋遢的、未完工的气味所吸引，也能从更宽阔灵动的空间安排中得到启发。

他们感觉到可以帮助重塑正在变化中的环境。既然还没找到新的利用方式，政府往往给他们很优惠的金融政策以促成此事。可能更重要的还有这些建筑与历史的共鸣以及优秀的建造品质以及强烈的个性。你可以看到岁月的铜绿色蚀刻进它们的物理肌理。这些巨大的建筑通常拥有表演空间和展示地点。总的来说他们营造出一种时髦的氛围，吸引了咖啡厅和餐馆。前卫艺术家们把这些地方变得更有吸引力也更安全，于是它们开始吸引更多的传统生意，从软件到传统服务业，如律师等。渐渐相邻的老建筑也重生了，新的建筑也耸立起来。启动了这个过程的创意人才们实际上提高了地产价格，然后传统的开发商也希望加入建设，于是又推高了整体价格。在这个绅士化（gentrification）过程中，肇始者最后却通常被高涨的价格所逐出。

这类发展模式的早期例子是伯明翰的蛋糕工厂、柏林的乌发电影厂、赫尔辛基电缆厂（诺基亚总部的前身），或者是都柏林的圣殿酒吧区（Temple Bar），格拉斯哥的商人城市等地。在当时的西欧、北美和澳大利亚，这类的开发成为城市发展菜单中的必备部分，被重复了上百次。更近的例子包括多伦多的酿酒厂区和自由村，维也纳的博物馆区和温哥华的格兰威尔岛。另外，自从1989年东欧剧变后，出现了更多的例子，比如斯洛文尼亚城市马里博尔的烘焙坊（Pekarna）。泛欧洲文化中心联盟（Trans Europe Halles）就是这类项目的一个组织，北京798艺术区则是中国的一个例子。

第一本把所有这些元素都集合在一起的城市创意策略是我在1990年写的《格拉斯哥——创意城市及其创意经济》（*Glasgow-The Creative City and Its Creative Economy*）一书。这里我关注的不仅是作为创意有机体的城市，也是一个发展创意产业部门（如设计或音乐）的机制。在差不多同时期，还有英语世界读者们了解较少的 Gunnar Törnqvist（甘纳·通克维斯特）和区域经济学家 Ake Andersson（艾克·安德森）。他们的著作主要讨论知识背景、创意和区域发展，尽管理路不同，且并没有考虑老建筑、文化活动已经正在崛起的创意产业等内容，但同样引起了人们对创意环境的关注。1983年，通克维斯特提出了"创意环境（creative milieu）"的概念，其具有四个关键特征：①人与人之间的信息传递，②知识（部分立足于信息的存储），③特定相关活动的能力以及④创意（能创造出新鲜事物，作为前三种活动的结果）。运用这些思考并以斯德哥尔摩为案例，安德森在1985年出版了一部重要的有关创意和城市发展的著作。

接下来的一步是1994年传通媒体 Comedia 和克劳兹·昆斯曼组

798 局部 ——————————————————————————— 邓雯 摄

织 5 个德国城市（科隆、德累斯顿、昂纳、埃森、卡尔斯鲁厄）和 5 个英国城市（布里斯托、格拉斯哥、哈德斯菲尔德、莱斯特、米尔顿凯恩斯）在格拉斯哥举行扩大会议探讨城市创意问题。昆斯曼的团队一直在德国探索创意主题，尤其是城市怎样能系统性地变得更加富有创意性。这种探索的一个成果是合作出版的著作《英国和德国的创意城市》（*The Creative City in Britain and Germany*），以及 1995 年笔者和弗兰科·比安奇尼（Franco Bianchini）合著的一本小书《创意城市》（*The Creative City*）。这些著作都把创意城市的概念从比较封闭的艺术和创意经济的层面扩展开来，讨论了诸如培育创意的组织动力，什么是创意路径以及如何促成，还有历史和传统在创意性中扮演的角色等问题。

第一个关注并采用这些概念的国家是澳大利亚，1994 年其总理保罗·基廷颁布了一项名为"创意国家"的文化政策，象征着这个大洋洲国家向世界的开放，及其对自身多元文化肌理的自豪。该政策视文化为一种身份和经济资源。后来在英国，1999 年肯·罗宾逊出版了《我们未来的全部：创造力、文化和教育》（*All Our Futures: Creativity Culture and Education*）这本重要的书，明确提示大家，我们的教育体系要为创意如何产生承担大部分责任。后续的著作受这本书影响很大，题为《心灵之外：学习创新》（*Out of Our Minds: Learning to be Creative*）（2001）。我的篇幅较长的一部著作题为《创意城市：都市创新的锦囊妙计》（*The Creative City: A Toolkit for Urban Innovators*），出版于 2000 年并引起很大反响。用一句话概括这本书，就是"当世界发生巨变时，我们需要重新思考城市的角色及其资源，以及城市规划如何发挥作用"。这部书关注世界范围内的范例，描述一个新的都市世界的产生——基于与工业城市不同的原则。它将注重硬件的城市发展的"工程"范式与强调城市软件决定城市建设的"创意城市"范式相对比。这种观点在 2006 年的《城市建设的艺术》(*The Art of City Making*)一书中得到了进一步的阐释。

约翰·霍金斯（John Howkins）的《创意经济》(*The Creative Economy*)一书出版于 2001 年，书中集中讨论了财富创造的新来源和人们如何利用想法赚钱。霍金斯 2009 年的新作《创意生态：思考在这里是真正的职业》(*Creative Ecologies: Where Thinking Is a Proper Job*)延续了这些讨论。理查德·佛罗里达（Richard Florida）的《创意阶层的崛起》(*The Rise of the Creative Class*)一书于 2002 年出版，该书描写了推动城市财富创造的一类新型知识工作者阶层。佛罗里达断言，城市若要取得成功，必须吸引这个群体。他强调了地方给人的感觉，艺术、良好的设计、咖啡馆文化、公园都参与塑造了这种感觉。他提醒决策者，城市不仅需要商业氛围，也需要创造一种"人才氛围"（people climate）。全球各地的城市目前都在争相吸引这批流动人才。佛罗里达在其他著作中继续讨论了这些观点，比如《谁是你的城市》(*Who's Your City*)，其副标题"创意经济如何让住在哪里变成生活中最重要的决定"，确切地描述了该书内容。

这些书虽然各有侧重，却共同影响了城市应当如何发展的讨论，保持城市运行的软件因素越来越受到重视。自那以后，全球各地对创意场所、空间、城市和地区的兴趣骤然上升。

集群与创意区————————————————————

集群对创意城市非常重要，这些地带通常被称为创意产业集聚区（创意区）。聚集人才、技能和辅助基础设施是"创意经济"和创意环境的核心。一个产业的空间集群——设计、生物技术或教育等——属于城市资产。集群是关于城市活力与繁荣的所有讨论的核心，其理由众所周知：提供相互间的金融、技术与心理支持，提高市场效率，聚集买卖双方，创造相邻学科或专业知识中心（centers of excellence）的交集，刺激竞争，从而产生乘数效应、协同效应、互补交流和资源交换。集群并不是新生现象——自贸易出现以来，集群的便利显而易见。随着真实世界和虚拟世界逐渐融为一体，创意与集群的地理空间不断变化，但面对面接触仍是其中的关键。

自远古时代起，手艺人就会根据自然资源、地形特征和开采所需的技能聚集到一起。各种行业在城市不同角落聚集，促进多元化和专业化，提供服务。气味、噪音、污染和可用于染色、鞣制、皮革加工等的水源，决定了行业活动地点——比如意大利的普拉托（Prato）和摩洛哥的菲斯（Fes）的羊毛与纺织工业，自两千多年前延续至今。今天伦敦街道名中还有当年集聚区的影子，比如皮革街（Leather Lane）、烘焙街（Baker Street）、银器街（Silver Street）、针线街（Thread Needle）、家禽街（Poultry），其中一些就好比今天的创意区。商人们在城市间旅行，像后代知识游民（knowledge nomads）那样出售他们的技能。技术在需要使用的地方发展，比如造船业的创新出现在意大利热那亚（Genoa），苏格兰格拉斯哥（Glasgow）克莱德河（Clyde），中国广州、泉州、厦门和中东巴士拉（Basra）等港口附近。这些地方由此成为专业知识中

菲斯染坊　寻常　摄

心，而且附近常常进一步发展起相关的学习中心，比如手艺学校、师傅带徒弟的学徒制之类。

专业知识中心————————————————————

科学的发展开始将知识生产场所从其可能的使用场所分离出来。高等教育机构自古以来就在许多文化体系中存在，为学习提供体制框架。 在西方，他们通常是哲学教育机构。公元前 360 年左右的雅典柏拉图学院和亚里士多德逍遥学派学院就好比我们今天的智库，而公元前 450 至公元前 300 年间的雅典，相对于同时期其他城市来说，的确可以称为一个创意城市。其早期民主制度虽只为部分人群所享受，却切实激发了创造力。 亚历山大里亚的缪斯官成立于约公元前 300年，可被视为一个高级研究中心。在随后的西方历史中，作为数个世纪里世界第一大城市的罗马，一定也曾是一个各种创意聚散组合的中心。

在中国，有太学、国子监等知识中心，这些最高学府始于两千年前，建在古代都城里，钻研儒学和中国文学，然而他们与源自中世纪欧洲的现代西式大学不同。世界上最古老的大学是建于 1088 年的意大利博洛尼亚大学，其次是建于 1150 年的巴黎大学和建于 1167 年的牛津大学。

这些探索与知识交流中心聚集了当时最优秀最聪明的人物。它们可能是第一批知识型城市。无论是基于贸易还是教育，这些城市都展现了超高水平的嵌入式知识（embedded knowledge）、创新和学习可能性的专门区域。

在现代，随着启蒙运动的兴起和工业化的开始，专业知识中心也不断涌现。 人们开始看到像格拉斯哥或伯明翰这样的实践学习中心，通过实践、试验和实验逐步创新。比如詹姆斯·瓦茨（James Watts），出生在克莱德的一个造船家族，他的改良蒸汽机对工业革命引发的变革至关重要。再比如，瓦茨的搭档马修·博尔顿（Matthew Boulton），1728年出生于伯明翰，父亲是当地一个小金属制品制造商，而伯明翰当时号称"千业之城——世界工厂"。其他专业知识中心包括被称为陶器厂（the Potteries）的特伦特河畔（Trent）的斯托克（Stoke）——世界闻名的陶瓷品牌韦奇伍德（Wedgewood）、道尔顿（Doulton）或斯波德（Spode）均发源于此——19世纪，当地陶瓷业在新技术的基础上蓬勃发展，其中许多新技术源自中国。

工业时代推动着欧洲的行业集聚，这一过程甚至持续到"二战后"，比如意大利萨索罗（Sassuolo），20世纪50年代开始建立了300家工厂，时至今日该地生产了意大利80%的瓷砖。

"二战"后，中国产业集聚的特色之显、规模之大几乎前所未有：杭州的男装，宁波的袜子，嵊州的领带，丹阳的眼镜——包括镜片、镜框和螺丝——"模具王国"，余姚的塑料制品和模具等。以拉链等产品起家的义乌如今已是世界第一大批发市场，市内有8个大型工业集群，生产袜子、衬衫、羊毛制品、配饰、拉链、玩具、钥匙扣和印刷品。在上述每一个城市，都有成百上千家大大小小的企业发展

杭州街景 ————————————————————————————————————— 寻常 摄

起来，聚集到一起。[1]世界工厂已经转移到了亚洲。

在欧洲和北美，为了进入价值链上游，经济重心从制造业转移，"无重量经济"（weightless economy）由此出现。研究型大学开始扮演更重要的角色，硅谷的发展离不开斯坦福大学，而波士顿大学群对128公路的发展举足轻重。科学城市（science city）的理念流行开来，这类城市通常侧重纯粹研究与基础研究。起初设计成修道院式、更偏远、更与世隔绝的科学城，比如日本筑波科学城，也陆续建立。这是当今世界为提高科学发现速度、改善科学发现质量所进行的最大规模的多方协作项目之一。筑波城的建造模仿了其他计划城

[1] 此处作者使用了"二战"后，但实际时间似应为20世纪80年代后。——译者注

市（planned city，又译为“新市镇”）与科技园区，包括巴西的巴西利亚、俄罗斯新西伯利亚的阿卡杰姆戈罗多克（Akademgorodok）、美国马里兰州的贝塞斯塔（Bethesda）和加州的帕洛阿尔托（Palo Alto），以及后来的高新科技区（technopoles），如法国尼斯附近的索菲亚科技园（Sophia Antipolis）。这些科学知识园区通常位于城市边缘的新开发地带，而现在它们面临着一个日益严重的问题——能否继续扮演“创意环境”的角色？

创造力的发展通常需要以下条件：一定的规模、一定程度的繁荣、信息交流网络、异质性、外来者以及某种不稳定性、紧张状态或危机。它需要道路之类的硬件基础设施，还要有大学、实验室、图书馆、科学协会或咖啡馆之类的软件基础设施。当然，这些条件与设施的具体形态会随时代变化。

一个核心问题随之而来：“基于单一专业领域的城市能否成为全面创意城市？”工业、技术和科学集群或许能够在某一知识、发明领域登峰造极，但作为一个地方，它们可能并不漂亮灵动。威尼斯、佛罗伦萨、君士坦丁堡、伦敦、阿姆斯特丹这些不同城市似乎同时证明，创意城市还需要服务业、知识产业和文化产品等各种要素。全球化、国际化和跨文化交流（cross fertilization）推动了新标准的建立，使得这类活动日益重要，而城市本身、城市基本结构成为推动创新的关键。

19世纪80年代欧洲投资改造城市基本结构的

布鲁斯班

浪潮就是一个例子，那时，地铁系统、照明系统、污水系统和文化设施等都得以更新换代。随着基础设施标准的提高，城市再次掀起了改造基本结构的浪潮。在中国，铁路系统大规模扩张，在欧洲，柏林、马德里或维也纳等地的新车站和机场如雨后春笋。 现在，这些基础设施还包括各种新型的文化设施，尤其是当代艺术画廊和博物馆。

提高城市知名度————————————

事实上，文化经济——艺术、市场和城市环境之间的互动——自古有之，它的具体特征不同，但基本信息相通：提高城市知名度，从而肯定其力量，吸引人才、企业家和投资商。

在 21 世纪初，一个城市想要汇集聪明有趣的人，需要更加关注自身的吸引力和质量。城市想要吸引的人群是流动的，他们见多识广，难免在城市间做出比较，他们能选择在哪里工作。干预（intervention）在这当中扮演什么角色呢？在那些现有经济动态不足以产生足够关键数量和集群协同效应的地方，干预能发挥强大的作用，比如：

- 打造一个旗舰项目作为主要吸引源，西班牙毕尔巴鄂（Bilbao）的古根海姆美术馆，或者在建的香港西九文化区都属于这种旗舰项目。然而，旗舰项目并不是创意区的先决条件

- 诱使一个主要的创意产业或其他领域的公司进驻某个地区，以此启动或强化该地区的发展，比如将 MTV 的欧洲总部吸引到阿姆斯特丹的 NDSM 开发区

- 城市设计和公共领域的举措通常能给一个创造区注入活力，提高房地产价值，从而使这

一地区的建筑翻新更加可行，比如芝加哥的千禧公园和西班牙瓦伦西亚的艺术与科学城区

- 营销和品牌建设对于新兴的创意区域可能很重要，成功的创意区通常通过口碑营销，比如"Be Berlin"或"I Amsterdam"广告系列
- 混合功能分区（mixed use zoning）是创意区成功的先决条件，如墨尔本市中心的住房开发策略。
- 专业的商业发展支持很重要，但在空间细节上不一定要十分严格，例如阿姆斯特丹的"繁殖点战略"（breeding places strategy）

深层转型作用

正如贾森·波茨（Jason Potts），斯图尔特·坎宁安（Stuart Cunningham）和笔者所强调的那样，文化与经济之间的联系对个人、组织、城市和整个社会具有更为深刻的转型作用。它的主要贡献和影响并不在于具体部门（如音乐或设计）的就业人数，而在于这些部门培养的新颖的组织和生产文化——包括建立社交网络，加强创造过程的合作等，这些都会影响到经济的整体性质。它们已经开始进入所有经济领域。创意产业不仅有助于增加经济价值和就业机会，更重要的是，它能促进整个经济体系的发展演变。例如，设计意识和思维已经被应用在各个工业和服务业领域，同时，各行各业也渴望通过借鉴音乐、活动影像等基于想象与表演的产业，生产体验更丰富、互动更多的产品。同样，戏剧这类活动的传统生产方式——强调以任务为导向的项目、团队合作和多批演员，已进入了主流工业。

创意产业的思维、过程、组织形式和社会技术转移到其他部门，

这一过程影响重大，其重要性并不亚于引发生活方
式变革的电的发现，它基本上为所有形式的创新提
供了平台。

城市：一个资产系统

"创意城市"最初是指那些艺术家在其中发挥关键作用、艺术家的想象力塑造其外观和感觉的城市。随着时间的推移，创意产业——从设计到音乐、再到表演和视觉艺术——成为讨论的焦点，它们被视为新的经济驱动力、城市身份构建的资源、城市形象和旅游业的推动因素。再后来，由上述产业、研究人员和知识游民组成的"创意阶层"，成为创意城市的关键表征。

然而，笔者个人认为，创意城市必须拥有全方位、横跨所有领域的创意性，创意产业或创意阶层的存在远远不够。笔者的观点是，除非公共行政富有创造力，除非社会管理推陈出新，除非在医疗保健、教育、社会服务等领域，甚至在政治和治理等领域发挥创造性——简而言之，除非有一个全面的"创意生态"——否则创意阶层、创意产业就无法蓬勃发展。这意味着，不仅是艺术家、新媒体或设计从业人员和大学研究人员要具有创造意识。一个核心问题是：艺术家、创意经济或创意阶层能为创意城市打造带来哪些独特品质？

这些问题引发了激烈的争论。随着时间的推移，城市内部出现了一套方案，该方案具有以下特点：在大多数城市的战略中，发展创意经济部门非常重要；新的标志性文化设施可以提高城市知名度，有时也有助于加强公民自豪感；吸引知识游民和研究界至关重要；重新使用旧建筑物开展新活动，常常能活跃经济，新旧融合很重要；注重城市自然环境，建设社交和娱乐场所，有助于发展创意环境。还有一点，即现在越来越多的决策者开始将城市环境整体视为一个创意系统也很重要。

资产状况表————————————

城市的资产和资源可以是：

- 硬件型的、物质的、有形的，或者软件型的、非物质的、无形的
- 真实可见的或者象征性的、不可见的
- 可统计的、可量化的、可计算的，或与认知、形象相关的

在创意城市的框架中，资产这一概念大幅扩展。通常我们认为城市资产包括交通系统、研究机构或标志性建筑这类有形事物，而现在，越来越多难以定义的资产得到了重视，比如，"具有创造性"、"拥有人才"、某个地方的"氛围""生态意识"，还有其他非物质性的事物，如"城市声誉"、城市引发"共鸣"（resonance）的能力。在过去，人力资本与人才就像专利那样，不纳入公司或城市的财务状况表。

个人，公司，还是城市————————

所谓的资产，是个人，企业，公司，集群，还是城市整体？ 事实上，这些都很重要，它们互相关联，组成一个环环相扣的整体，其中的挑战是如何整合不同的目标、特质与态度。

在十年前，人们还在激烈地讨论城市是否能被视为资产系统，城市之间能否相互竞争。"企业会竞争，城市不竞争"——以保罗·克鲁格（Paul Krugman）[1]为代表的传统主义者如是说，然而现在持这种观点的人越来越少了。在实践层面，城市竞争的观念已经在政治议程中扎根。无论在北美、欧盟、澳大利亚还是东亚，人们都越来越关注"城市发展得如何"，并建立了一系列基准制度（benchmarking system）进行评估。

从经典意义上讲，作为经济学概念的"竞争"起源于公司理论，用以解释商业行为，以及在合适的时间、用合适的价格、生产合适数量和质量的合适商品、服务和体验的能力。城市也在做这些事情，只是它所提供的"商品"、"服务"、"体验"和"资产"不同，扮演企业家、利益相关者、领导者角色的人互相之间的关系也不同。一个城市的经济表现可以比另一个城市好，甚至有人认为，在 21 世纪，城市经济的竞争力比国民经济更值得重视。迈克尔·波特（Michael Porter）[2]弥合了两种思想流派之间的差异。他的"竞争优势决定因素理论"（diamond of determinants of competitive advantage）包含四个要素：

- 公司战略、结构、同业竞争
- 需求状况
- 生产要素状况
- 相关产业与辅助产业

---

〔1〕 P. Krugman, "Making Sense of the Competitiveness Debate", *Oxford Review of Economic Policy* 12, 1996, pp.17-25.

〔2〕 M. Porter, "Location, Competition and Economic Development: Local Clusters in A Global Economy", *Economic Development Quarterly* 14,1, 2000, pp.15-34.

过去：地段廉价是关键
现在：思想繁荣、人才汇集是关键

过去：吸引公司是关键
现在：吸引各方面人才是关键

过去：高质量的物理环境被视为奢
　　　侈品，成本意识强烈的企业
　　　会因此望而却步
现在：舒适的物理、文化环境是吸
　　　引知识人才的关键

过去：地区成败取决于固定的资源或
　　　技术优势
现在：地区成败取决于当地组织与个
　　　人的学习、适应能力

过去：政府领导经济发展
现在：政府与企业的大力合作十分必要

　　公司仍然是波特竞争模式的核心，但他也看到
了城市和地区的重要作用，指出竞争优势极大程度
上取决于所在地，包括生产技能、培育创新的过程。
毕竟，在不同地区，专业技能的数量和质量、基础
设施和技术、有无集群等因素存在着显著的差异。
　　我们可以举例说明新旧经济在地理位置考量上
的差异。下面列举了"旧"和"新"经济思想之间
的差异[1]。

[1] Source: "Metropolitan New Economy Index", Progressive Policy
Institute, 2001.

对于高度依赖高技能人才的投资项目而言，"软件"层面的考虑在决策过程中更加重要，这主要涉及以下职能：

- 总部
- 研究开发
- 创意产业就业
- 共享的服务中心

成本型设施并不在此列，比如：

- 生产工厂
- 配送中心
- 后台运营

今天，企业在寻找成本、质量和灵活性之间的平衡，即提高利润率与吸引人才（高质量工作者）之间的平衡，追求以最低的成本，为人才创造最优条件，同时保持最高的灵活性。

城市资产审计————————————

城市需要基线资产，也需要独一无二、使人产生共鸣（resonance）的资产，包括：

- 自然环境：天气、季节、地形、水、树木、丘陵，以及人造环境，比如公园、人工湖泊或各种体验
- 自然资源：煤炭、石油、钢铁、森林
- 历史，遗产，传统：建筑、记忆、仪式、习得技能
- 建筑：设计的整体质量，街道和社区格局，优质的普通建筑

与壮观的、标志性的、代表性的建筑之间的平衡

- 基础设施：信息技术、连通性（connectivity）、火车和地铁服务、公路和街道、污水处理系统、电力供应、住房和办公室的质量
- 城市内务管理：噪音控制、垃圾收集、社会关怀
- 工业：被改造而适应了新经济的旧工业中的嵌入式技能（embedded skills），新兴尖端部门的存在
- 服务业：金融、法律等B2B服务的复杂程度和业务范围，餐饮酒店业的声誉
- 技能和人才：不同层次的教育成就和选择，研究机构，非正式培训的机会
- 零售业：购物选择的深度和范围，从主流商店到独立商店再到另类商店
- 商业展示：会议或交易会
- 娱乐活动：可直接参与又能旁观欣赏的活动，比如体育，艺术，博物馆或画廊，社区活动，节日和赛事
- 美食：饮食体验和餐厅等级的多样性
- 第三空间：咖啡馆、公众集会和会面场所的种类和质量
- 可投资性：法规和激励机制，住房、商业开发和总体投资机会中高低价位的平衡

- 安全性：低犯罪率，可信赖的机构，总体的可靠性

- 态度和品质：一种好奇、开放、宽容、运用整体思维、"我能"（"can do" approach）、创业的文化

- 认知（perceptions）：明确的认可和声誉、活力感

- 治理、组织、管理和服务提供（delivery）："知行合一"的传统，为劳动力赋权赋能（empower），政府与其他部门的紧密合作

城市障碍审计

审计障碍与审计资产一样重要。其中的主要挑战往往是通过想象力将障碍转变为资产，或识别可能成为城市特色的事物。障碍与资产一样，也包括以下方面：

- 自然环境：景观平淡无奇，天气条件恶劣，工业化时期遗留的环境破坏和污染

- 历史，遗产，传统：过去重大事件造成的包袱，过于怀旧，肆意破坏导致遗产和历史的消泯，或者本身就缺乏传统

- 建筑：低质量建筑，城市整体设计不连贯，街道格局混乱，社区零散，过多周折，建筑风格单调而没有原创性，日益破败的住宅

- 基础设施：过度设计制造的道路系统，欠缺的可达性（accessibility），交通选择匮乏，滞后的连通程度（connectivity），旧式能源供应系统

- 城市内务管理：垃圾收集、道路维护等服务水平低，效率低下

- 工业：在旧产业里故步自封，无法适应新经济，没有面向未来的企业

- 服务业：缺乏服务文化，餐饮酒店行业薄弱，B2B服务发展不足，依赖其他城市的企业

- 技能和人才：不同层次的教育成就不高、选择也有限，拨款不足，提高自身的途径少

- 零售业：选择少，国际连锁店主导零售市场，结构单一

- 商业展示：会议或交易会活动少

- 悠闲娱乐设施：画廊、博物馆、剧院等文化服务设施水平低，社区参与度低

- 美食：饮食文化简单，选择少，质量低

- 社会状况：社会压力大，社会资本少，犯罪率高，恐惧感普遍

- 可投资性：不利投资因素多，缺少战略性的长期思维

- 态度和品质：失败主义文化，倾向自我封闭（inward-looking）的文化

- 认知：对城市负面的、自我强化的认识

- 文化：低期望值

- 治理、组织、管理和服务提供：缺乏重点，无法识别、利用资源和实施计划能力差

催化剂式想法

一个具有催化作用、能推动进程、路线图式的

好想法是怎样的？一个好想法应当既简单，又有复杂化的潜力。它应当容易理解，能引发共鸣，像图像一样一目了然。它需要有层次、深度，能够从多个角度进行创造性的阐释和表达，能够让不同的人群参与其中。它创造并使人想到新的联系，它是动态的，它暗示多种可能性；它是创造性和实用性的结合，它可以解决经济和其他问题——它必须超越经济层面的问题，如果只停留在经济层面，它可能会变得机械呆板。理想情况下，它应当触及一个地方的身份，唯其如此才会使人感觉到它的文化意义。事实上，它应当支持、发展和创造当地身份。在这个意义上，它应当回应更深层次的价值观和追求，它很强大，可以通过多种方式实现期望。

现在我们来看看有些想法。许多城市都表示他们将成为"教育城市"，这个想法很狭隘，好像在暗示只有教育部门参与其中，其他人被排除在外。"人才战略"的想法更好，因为这显然需要艺术、教育、企业等各方人员参与。它可以有多个层次，分别针对识别、驾驭（harness）、吸引、维持或充分利用人才。它也可以针对人才发展的不同阶段，比如培养人的好奇心、企业家精神、冒险精神或创新意识。其弱点在于，任何城市都能使用这套说辞。而像孟菲斯（Memphis）那样——称自己是"第二次机会之城"（the City of Second Chances）是相当有力的，它展示了一个积极的面貌：开放、倾听、宽容。它承认这座城市处于不利地位，却不过分渲染；它承认历史，同时又展望未来，理想的情况是，十年后，有足够的二次机会者（second chancers）成功，使这个口号变得不再有意义。澳大利亚阿德莱德（Adelaide）的口号——"不透水之城"（waterproof the city）[1]，相当响亮，但它还没有成功。这个想法有一个隐含的经济议

---

[1] 南澳"Waterproof"系列工程，旨在收集、处理、储存暴雨雨水，以供农业灌溉。——译者注

香港夜色

程，且有力地回应了迫切的绿色环保问题。如果有城市声称它将成为世界上第一个"零排放城市"或"太阳能城市"，并真正依此规划打造，效果也会很好。它将提供大量的商业机会，并且提升该城市的全球知名度。然而，对常与"男子气概"联系在一起的传统采矿中心或工业中心来说，"零排放城市"这种策略可能违反直觉。

再举一个想法扩展或"事半功倍"（make more out of less）的例子。比如有人想要照亮一组建筑物或桥梁，这个计划、相关的活动和宣传绝不能只是关于点亮建筑物——或许，它可以是关于"点亮开明智慧之灯"。 简而言之，简单如建筑物照明，也可以添加进更多想法。

城市面临的核心问题是，"现在需要什么样的好想法？"虽然创新这个话题总是围绕着技术创新展开，社会创新远比其重要。

创意行政机构

创意与行政机构————————

创意行为的一个舞台是公共行政机构，因为21世纪需要解决比20世纪更复杂的问题。行政机构的出现是为了解决所处时代的问题，它也反映了所处时代的文化。行政机构的积极意义在于探索系统化的过程，使决策过程透明、公正、公平。然而，在其演变过程中，缺点逐渐凸显，严格的管理主义（managerialism）又使行政机构变得繁琐复杂。

城市资产的最大化需要不同的管理模式，我们称之为"创意的行政机构"。这是一个由价值驱动、适应性强、反应灵敏、灵活性高、强调合作的组织。它不是一个计划，而是一种运作方式，有助于制订更好的计划，打造更好的城市。显然，发挥创意可能有很大风险，应当采取全面的措施规制公共领域工作人员的价值观、道德观和行为。

城市需要放开步子（fleet-footed）。若非允许，皆被禁止（而不是"若非禁止，一切可行"）这种观念若是根深蒂固，并渗透到法律条文里，是很不利的。因为法规总是错综复杂，规避风险的诠释可能会抵销其良好的初衷，所以说"不"总比说"是"的勇气要大得多。

好的、聪明的规则和激励措施围绕城市想要达到的目标，赋予它实现目标的能力很重要。 城市的法规和激励制度可以是资产，也可以是障碍。 好规则可以刺激创新，例如，利用税收鼓励某些举措或行为，这种更灵活的运作方式需要开放的心态，使不同部门可以互相交流，减少一亩三分地思维（silo mentality），采取合作方式解决问题。

城市往往过于依赖规则、法规和法律，而不能根据具体需要、情况、目的诠释的原则、框架、指导方针和建议解决问题。前者会发展成一种打钩心态（tick box mentality），因为它想简化思维和决策制定过程，在这种模式下，几乎没有空间来根据理性思考或法律精神改变规则——而是照搬法律条文。后者更多地依靠通过参与和讨论做出的判断，由此制定的决策通常有更坚实的依据，可以长久得以执行。

寻常 摄

过于依赖字面条文的结果可能是陷入一个由各级各色法律法规组成的庞大迷宫。最糟糕的情况是，各部门管辖范围重叠混乱，每个人都有话可说，地盘争夺战此起彼伏，没有流水线操作，也没有清晰明了。

"创造一个好社区／城市"这种大目标可能会流于空洞，我们要把目标具体化、细节化到某个领域，比如健康、安全、隐私、道路指引或交通流量。

组织变革的压力————————

一系列世界性的、深层次的压力在迫使组织机构改变工作方式，其中五项具有重要意义：

首先，随着教育标准、学历要求和对工作期望值的提高，授权于员工的呼声也越来越高。受教育程度越高的员工，越想要发言权。他们不希望只是执行命令，或象征性地提供咨询意见。他们想参与决策，这是民主冲动（democratic impulse）发展的一部分。授权于员工的组织在各种意义上都具有更高的生产力。赋权赋能是让个人自主思考、行动、反应和决策的过程。研究表明，被赋权的员工效率、满意度和创新能力都更高。

其次，新的商业模式正在不断发展，这种模式更加开放，以协作为基础，并越来越注重共同创造。这个问题在 20 世纪 90 年代中期已有讨论，现在达到一个高峰，它越来越深刻地影响着公共部门运作的外部环境。虽然私人部门、社区部门[1]和公共部门的组织有不同的目标、运作方式和标准，但它们的基本原则是一致的。

再次，单向窄播的信息传播模式——例如传统广播公司或新闻媒体——逐渐被取代，这种传播模式反映了一种等级制的、由上而下的组织方式与态度。现在，双向、多渠道、同时性的、沉浸式的、迭代式的、会话形式的信息传播占据了主导地位，这种模式中用户有更多控制权，而权威的控制权减弱。社交媒体就是其中一个例子。2011年中东地区的动荡凸显了过去十年间随着 Facebook 和 Twitter 的兴起而导致的信息传播的巨大变革。在这种新的知识生态中，旧式的管理机构无法抵挡借力新媒体——新媒体常常导致不可预测的结果——形成的新的开放机构的冲击，原有的结构正在瓦解。

又次，在这种背景下，严格等级制的组织形式在组织有效性和效率上的弱点越来越明显。每一个领域的每一种组织都受到了影响。管理、领导这些概念以及管理者、领导者的工作方式，都被改变。他们不再是控制者，而是提供整体方向、战略重点和愿景的推动者（enabler）和协调者。

最后，公共财政的经济危机——尤其在欧洲和北美——正在加剧上述所有情况。政府面临着收入减少、支出需求增加的复杂危机。从长远来看，这可能造成严重影响——导致社会政治动荡——除非找到全新的解决方案。

由于 2007 年开始的全球金融危机，公司利润缩水、经济萎靡、失业率上升、个人所得税减少，使得政府税收收入大大降低。大多数欧洲政府通过裁员来应对这个危机，比如在英国，有超过 15 万个公共部门的工作岗位被撤销，其他国家采取了类似措施。这打击了

---

[1] 即第三部门，也称志愿部门。——译者注

员工和组织的士气与积极性，以及付出额外努力（discretionary effort）和发挥创意的意愿。

此外，其他趋势也在影响公共部门的运作动态，使后者不得不寻求新的思维方式，其中包括"成本病"（cost disease）和对公共服务需求的迅速增长。过去 60 年来，公众对公共服务数量与质量的期望越来越高。对医疗、社会福利、教育、休闲服务的需求几乎是无止境的，与此同时，新的需求不断产生，比如支持创业活动、企业孵化、公共设施更新等。

一百多年来的累计数据显示，个人服务的成本在持续上涨，其累计增长的速度超过了通货膨胀率，这种趋势就是所谓的"成本病"。这对医疗保健、教育、法律服务和现场艺术表演有显著影响。这些活动被私有化后，穷人往往难以承受，而其中大部分服务对他们的生活幸福度至关重要。政府正在失去加税这一选择，因为这在政治上逐渐变得不可接受，因此，社会创新吸引了越来越多的兴趣。

通过信息技术的革新提高某一生产活动的生产能力——尤其在基于软件的部门或先进的制造业——可以显著提高生产率，加薪也名正言顺。在这些领域可以用更少的资源做更多的事情。然而，在服务和个人服务领域——大多属于公共部门——提高生产力则较为困难。如果一个老师把学生从十个增加到二十个，我们会认为这服务打了折扣。要是一个护士或社会工作者为更多病人或客户服务，我们也会有这样的感受。然而，他们的相对技能水平、工资预期和在私营部门的同级职位是一样的，后者要提高生产效率则相对简单。这种成本上涨的压力就是成本病。对于公共部门来说，他们的选择很少，更高的薪资要求不可避免，而公众对他们的投资却可能减少。这意味着公共部门需要寻求新的运作方式，它必须要动用想象力，更有效地利用资源，提高生产力。如果公共部门看起来更有效，裁员的压力就会减少。

另一个深层趋势是"新公共管理"精神和它相当僵硬的目标——打钩模式，在目标决定工作却常常貌似与实际工作无关的情况下，受到越来越多的批评。我们发现这会损害工作人员的积极性，因为发挥个体能动性的空间很小。

20 世纪与 21 世纪的组织————————————

20 世纪组织的象征是金字塔，公共行政法律——如在西班牙和德国——限制了人们行动的可能性，因为这种组织所依据和鼓励的假设、运作环境会在人们的思维习惯中体现出来。这是一个等级结构，其中的所有事物都流向顶层，再从顶层传递指令下来。这种结构内部分区，界限分明并有严格的分工，发挥主观能动性的空间有限。它是很正式的，因此内部和外部的信息传播往往受到控制，比如，只有高层才能代表组织发言。许多高级公务员是律师——即便不一定具备管理经济发展或文化事务的能力——也就不足为奇了。这些法律导致与其相关的公共机构在工作程序、招聘方式等方面的僵化，而这可能妨碍他们发展自己的人才库。

21 世纪组织的标志更像是一张网——事物、人员、关系相互关联而成的一个系统。它是一个开放的组织结构，通过共同的目标和愿景、策略以及各种计划、举措和项目交织成一体。它即分散又集中，更适合任务小组的运作方式，人员发挥主动性的空间更大。它有战略上的原则，在战术上却很灵活。信息向各个方向传递，既对上也对下，即对内也对外。

开明的领导方式综合了民主结构、等级结构二者之长。前者有助于培养个人发展，当有人为集体承担更多的责任时，他们通过愿景或目标启发——而非指使——下属，从而赢得相应的权威和权力；一言堂被否定，每个人都被鼓励提出意见建议，因为任何级别的人员都可能有想法、有创意。

这当中的核心问题是，21世纪组织的根本要素在于系统和组织文化，还是组织文化和系统以外的个人品质？僵硬的组织形式——比如那些基于组织习惯和等级制度的——迫使人们做额外的努力绕开约束，而这个过程常常无端耗费精力。

额外努力与赋权赋能

日常工作中，每个人都有大量可做可不做的"额外努力"。一个人的实际表现和能力范围内最优表现之间的差别就在于额外努力，而这完全取决于员工。大多数研究表明，对组织文化不认同的员工会保留30%~50%的额外努力，这本可以用在提升工作表现、出谋划策、改善工作环境或帮助同事方面。额外努力是未被开发的资源，关系到一个组织有多成功。如何才能激励个人做出这些额外努力呢？大多数研究表明领导——而非管理——是其中关键，系统可以管理，而人需要被引领。在这里，领导是一种基于行为的关系，而非一个职位，自我意识和同情是这种关系成功的关键组成部分。

传统手段无法应对公共部门所面临的相对成本增加、需求增加的双重压力。寻求新的组织模式、运作体系和内部程序是少数行之有效的对策之一。其他对策包括，为服务对象赋权赋能、使他们分担一部分责任；改革与第三部门合作的方式等，简单地讲，就是要有更多创意与发明。

有大量文献在讨论如何提高公共组织的能力、创造力和企业家精神；如何发展联合"愿景"；如何评估不同的监管和奖励制度；如何在确定性、可预测性、标准化、规范化、公平性和灵活性、流动性等对立面之间取得平衡；如何看待行政机构、权力、政治与利益之间的关系，以及它对公共组织有效性的影响。

许多新兴的管理理念在从专制、家长式的模式转向兼听、民主的模式。在后一种模式下，管理者更加信任员工，鼓励员工做出更多决策，从而促使员工发挥领导才能。现在已有许多对策来应对和克服组织中存在的弱点，激发员工的想象力和活力，例如："作为学习系统的组织"、"卓越理论"（excellence theories）、"动机理论"、"文化智力"、"战略管理"、"持续改进"，关注"核心能力"等等。这些理论都强调"信任"，视之为引发积极变化、创造高效工作环境的关键因素。

对于城市而言，组织、结构、文化与价值，以及人们在工作中的情绪和心理感受，这两类问题非常重要。授权于那些经常负责实施计划的人员至关重要，尤其是在第三、四、五级的人员。一个城市想要做出成绩、要创新，就必须着重关注人的体验，要有效地谋得发展，大型组织需要那些积极主动、有意愿并有能力承担更多职责和发挥更大影响的人。

此外，还需要新的技能，尤其是信息传播——年轻一代更擅长这些事物，然而行政法往往倾向于那些具有法学或经济学背景的人。

最后，古语有云："如果有机会，普通人也能有非凡的成就。"每个人都是潜在的领导者，任何有一定规模的组织都需要不止一个领导者。实现这点需要信任，管理者和领导者要信任员工，反之亦然。

从图形上看，"创意行政机构"可以表现为组织特点从上到下的变化：

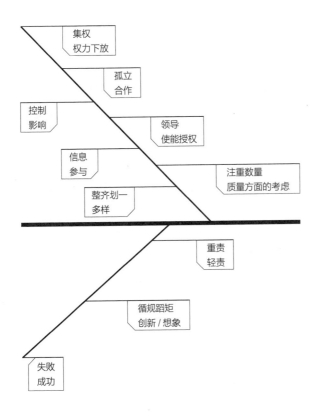

城市创意的创新等级

方法与评估 ————————————————

　　创意行为和创新可以发生在城市生活的任何领域，从新的住房形式到利用文化驱动经济增长。创新可以有各种重点或目标，可能在某个特定环境下十分具有创意。不同组织会有不同形式的创意和创新。以商业公司、公共机构和志愿组织来举例，对于一个商业食品生产商而言，引入生态或社会审计可能是一项创新；对于公共机构来说，创新可能是通过公私合作提供某项服务，或者与服务对象共同制定一个公共政策；对于一个志愿组织来说，创新可能是开展一些商业活动，但把盈利回馈给社区。

　　同样，有些想法只是在特定情况下才具有创意。例如，将老工业建筑用作新公司孵化器在欧洲已经司空见惯，但在印度或印度尼西亚可能是创新。同样，公私部门一起构想城市未来在美国是惯例，但在中国可能很新鲜。再如，在马来西亚或摩洛哥，创意产业战略还很新颖，但在许多别的国家这已经是通行做法了。

　　城市创新的生命周期观是笔者于 1997 年与彼得·郝（Peter Hall）爵士共同提出的一种方法。[1] 这种方法关注某项创新的发展轨迹，看它如何成为主流，最后成为最佳实践。一段时间后，一项创新可能表现出负面特征，需要全面重新评估。例如，与勒柯布西耶（Le Corbusier）等人的现代主义思想下的城市功能分离论，现在已经不

---

〔1〕 Sir Peter Hall and Charles Landry, "Innovative & Sustainable European Cities", European Foundation for the Improvement of Living and Working Conditions, Dublin, 1997.

合时宜。它使城市变得死气沉沉、平淡乏味，城市内部的互动也减少了。在勒柯布西耶等人的时代，有必要将工业等脏乱活动与住宅区等较干净的地区分开。但是，在知识密集型经济中，这一逻辑不再成立。当时它可能是正确的做法，但现在我们意识到，要最大限度发挥知识经济的潜力，我们需要更多跨部门交流和跨学科工作，而这需要一个愉悦、刺激、强调社交的物理环境。

分析城市创新要从元范式转变（meta-paradigm shift）开始，这是托马斯·库恩（Thomas Kuhn）提出的最彻底意义上的转变（1962）：一种构建现实和理解世界的全新方式。这种转变是全方位的，会影响所有政策领域。这种冲击秩序的转变很少发生，可持续性这一概念——它从根本上改变了我们思考城市经济学、环境、社会和文化生活的方式——或许是近年来最明显的例子。它的核心在于从整体上综合思考问题，理解各种类型、各个层面的作用如何不可分割、相互联系。在这一概念下，城市从一台机器变成了一个进行新陈代谢的活生物体。

整体主义，即整体看待事物的能力，是另一个重新定义了整个思想世界的元范式转变。它不止强调事物之间的联系，而且认为一个体系的组成部分——比如一个城市的物质、生物、文化、社会、经济或心理层面——并不能充分解释这个体系。城市整体的动态显著地决定了不同组成部分的动态，正如亚里士多德所说"整体不同于其各部分的总和"。

头脑中的概念、比喻和图像可以拥有巨大的力量，影响我们的思维定式、建构我们的想法和主张。城市建设这一概念的元模式转变，发生在决策者开始将城市视为活的有机体，而非一部机器时。把城市视为机器，便产生了机械化的对策；而从生物学角度理解城市，更有可能产生利于城市自我维持的政策。这是城市观中的范式转变，促使我们关注一个可持续的整体内的平衡、相互依存和互动。它与现代主义理念中城市的机器比喻形成鲜明对比，将焦点从基础设施、建筑物和地方转移到健康、安乐、人和城市体验，这将影响深远。这个生物学比喻拥有更多的共鸣、解释力和解决问题的潜力。

　　作为机器的城市是一个专制的形象，反映了一个封闭的系统，其中的因果可控制、可衡量，人发挥作用的空间很小。机器的意象对我们思考组织、城市规划、设计、建筑和城市社会等产生了深远的影响。它假设始终有人在负责，在指挥机器运转，但机器型组织已经失去了存在条件，因为系统无法保持封闭的状态。机器是僵硬的，只为一个功能而建。有机体的意象则将政策对物质基础设施的关注转移到城市动态、人们的总体幸福安康上，从而指向系统化解决城市问题的方式。

　　经济发展方面的一个元模式转变是将服务视为财富创造的手段，这推动了从实物生产到客户或消费者的重大转移。在环境领域，可持续的概念彻底改变了我们对城市发展的思考。这两种观念都从 20 世纪 70 年代开始产生影响。在城市基础设施方面，发明电力与发现洁净水与霍乱之间的联系、从而建立新的污水处理系统，意义同样深远。就规划和经济学而言，人力资源和赋权赋能概念的兴起，同一个数字载体实现各种形式的信息传播，也是重大的元模式转变。

　　范式转移（paradigm shift）是一个问题相当基本的重新定义。它或许会影响已有的政策领域，比如交通；它或许表现为发现新的问题，或提出新对策，从而改变政策目标本身；它常常把问题转变为机会，比如把垃圾视为潜在资源或资产；又比如，城市管理中的赋权赋能和社会公平议程，引发了对规划的全面反思；再如，在城市建造中，把行人和公共交通工具而非汽车放在中心位置。

让汽车远离人群，或将交通重新定义为一个更广泛的移动概念，给予行人、火车和道路等移动手段同等关注，这些都属于范式转变。在经济发展中，建立高新技术区等专业知识密集区是一个重要的范式转变，而建立绕开传统地方当局的城市发展公司或企业区，也意义重大。同样，邀请消费者共同创造产品或服务，或开放专利以促进产品创新，这些做法也具有开创性。25 年前，文化创造财富这一观点让人耳目一新，而近年来治理和城市管理由从上至下的等级思维转向矩阵管理和共同决策，这也是前所未有的。这些不同的范式转变为大量创新创造了条件。

基本创新（basic innovation）指的是重新理解问题，找到实现目标的新方法，从而对事物进行微调，比如把城市中心打造成步行者专用，或通过城市旅游促进中心城区和内城区复兴。城市旅游的景点通常包括旧工厂、旧仓库，这些建筑成了新媒体行业的集中地、新兴企业和娱乐场所的孵化器。在过去，这些建筑可能见证了或低俗或恐怖的活动；但现在，过去的力量、与过去相关的记忆给人以灵感，比如上海时髦的 1933 老场坊，现在已经进驻了许多创意企业。最早期的例子有伯明翰的卡仕达工厂（Custard Factory）和赫尔辛基的诺基亚电缆工厂——欧洲的

马尔默西部港口

这类独立文化场所还有一个地区组织，叫"跨欧哈里斯"（Trans Europe Halles）。交通创新包括道路配给、道路收费、汽车共享和汽车俱乐部等。环境方面的创新包括建立太阳能住宅和环境审计。在社会领域，有纽约的零容忍政策，意大利都灵和巴塞罗那等城市的跨文化城市政策，它们主要针对不同背景的族群如何和谐共存的问题。住房领域的创新包括自建计划和住房合作社。其他创新例子包括电子民主、公私合作促进城市发展、以文化为主导的城市再生战略等。

最佳实践（best practice）指实现创新的杰出范例，比如瑞典马尔默西部港口（Malmo Western Harbour）这个零碳开发项目，又如芬兰奥卢（Oulu）获得巨大成功的高新科技区，这两者都成了他人乐于借鉴模仿的范式。在交通领域，由基本创新想法发展而来的交通"静"化、水滨再生开发等，常常被仿效，还有水资源循环利用系统、区域供热系统、协助社区安全的自助邻里协会等。

优秀实践（good practice）达到了某项标准基准，被成功复制多次，在实践规范或优秀实践指南中能被清晰地描述。现在城市规划中的咨询程序就是一个优秀实践的例子，尽管咨询本身也曾是一项范式转变和创新。其他例子包括人公私合作实现区域再生，把可持续发展目标纳入规划，鼓励公共交通、停车换乘计划、自行车网络、垃圾分类回收、旧工业建筑物翻新、电子访客显示屏、标志系统，经济适用住房计划，在主要开发项目中咨询各方意见等。

欠佳 / 糟糕实践（bad/appalling practice）是指继续做缺点已然明了的事，比如让城市高速公路横穿已建成的住宅区、中央购物区，交通规划中优先考虑汽车，与其他区域隔离开的社会福利住房区，远离其他活动而死气沉沉的办公室或住宅区，大批拆除旧城区建筑物，在主要公路边上开发住宅区，千篇一律、没有社区服务的郊区，一味鼓励跨国品牌进驻、抹杀当地特色，忽视城市族群构成的多样性。其他例子包括忽略社区意见或反馈，不及时公布有关重要计划或城市日常变化的信息。

这些做法或导致社区瓦解，或加深社会矛盾，与可持续发展背道而驰。它们往往是由无知和 / 或惯性引起的。令人不解的是，尽管它们造成的不良影响已经证据确凿，仍然有许多欠佳实践得以持续。

创新有不同的目标，或是重新定义一个问题，或是吸引新的目标受众，或是影响行为，它可能在某些专业环境中属于创新，可能是项目实施中的一个新技巧、新过程、新技术或新机制。比如，社区发展规划中的多方参与，现在已经习以为常，起初也是一项创举。

关于城市创新，一个中心点是它们来自各个国家和大陆，一个创新想法或项目从诞生到被广泛采用，可能需要很长时间。

在使用本节讨论的方法时，城市应该考虑生命周期这一因素，对自身所处的位置、需要改变和发展的方面进行评估，无论是出于野心，还是需要应对危机，抑或是两者兼有，都野心勃勃地利用危机果断前进。然后，判断仍在进行的欠佳实践有多少，优秀实践是否足够，以及是否需要更多创新。

可以想见，一个野心勃勃、寻求全国乃至国际认可的城市，将以最佳实践为行动基准，以优秀实践为最低要求，停止所有欠佳实践。要成为战略领导者，城市需要类似天文台或智库的机构，密切关注世界各地的创新，因为改进的空间还很大。综观世界各地的倡议、新想法和新项目，显然有许多经验教训值得城市学习。

野心勃勃、联通全球的城市

好地方的理念——————————

下文列举了各个走在时代前沿、野心勃勃的大
小城市正在审视的问题，每个要点都附带简短评论
与实例。这是一个总结，几乎没有一个城市同时采
用所有的最佳实践。它的目的是让读者全面了解重
要的城市问题，看看他们自己的城市是否在充分考
虑这些问题。显然，下面每一点都能继续深入展开。
最好的城市是城市发展的灯塔，大多数的问题它都
在处理，尽管这使它陷入两难的局面——比如权衡社
会议程和经济议程孰轻孰重。有些问题没能得以解
决，往往是因为城市仍然在用割裂的、部门化的方
式进行管理。跨部门的重要问题无法解决，从部门
间的缝隙中漏掉。比如，城市的生机活力由谁负责？
显然，这不仅仅需要文化部门，因为活力源自多种
因素、多种见解的共同作用。城市的物理规划者和
社会规划者需要和文化、零售等各行各业合作。同
样，根深蒂固的贫困应当由谁负责？这不仅是社会
福利部门的责任，也是教育、经济发展和医疗卫生
服务部门的责任。

下面给出的每个例子背后都有一个更大的故事，
它们并非没有问题，权当抛砖引玉。

巴塞罗那

• **思考城市在文化层面如何运作是所有发展过程的起点**。通过文化绘图等手段，可以了解一个城市的基本动态，①它的历史以及如何用历史塑造当下，②它的渴望和愿望以及如何激励人们表现得更好。当然很少有城市这么做，所以大多数城市看起来平淡无奇、大同小异；同时还要把握全球动态和趋势，确保这也在考虑之内。两者相结合，发展的基础就更加深刻。

　　西班牙巴塞罗那和加拿大蒙特利尔一直将文化视为其发展的重要组成部分，这为它们赢得了活力城市的名声。两者之所以重视文化，部分是因为在历史上，加泰罗尼亚人和魁北克人的身份认同曾受到威胁。

- **可见的人口多样性是城市成功的关键**。大都
  会城市往往更加成功。多样性可以成为滋养
  文化活力和创新的重要资产，但它是一把双
  刃剑。如果不同社区各自抱成一团，从不跨
  越文化界限，那么可能产生平行世界；如果
  他们相互交流，则可能催生各种创新。

  意大利都灵一直引领着跨文化议程，它的
  举措包括建立专门的中心推动跨文化交流，用
  公共空间项目减少少数族裔聚集的贫民区等。
  它是欧洲委员会成立的"跨文化城市网络"的
  领导者。

- **集思广益**。为了最大限度地发挥潜力，城市
  需要调动公共、私人和社区各个部门的智
  力资源。这使城市成为领跑者——如果只是
  参照最优秀的城市来衡量自己，这并非领导
  者，而是追随者。领导者的素质包括高水平
  的概念思考、规划和行动以及领先于各种发
  展趋势的能力。

  西班牙毕尔巴鄂的 Bilbao Metropoli 30 项
  目（BM-30）是该城市的一个战略智库，它邀
  约了城市各方利益相关者，数字 30 指的是考虑
  发展对 30 年后的影响，它在城市的复兴中发挥
  了重要作用。芬兰赫尔辛基拥有一个名为"城

市事实"的中心研究部门，其高质量的信息为该城市的战略制定做出了巨大贡献。

◆ **创建思考城市运作的共同的语言和框架**。如此以便达成协议，团结各个利益相关者。每个城市都知道这个公式：创建使命→衍生愿景→从中生成总体目的和战略→确定具体目标和目标结果。有野心的城市超越了这一点，因为它知道思考问题的方法决定了结果，而这将是城市运作的遗传基因。再次强调，如果把城市视为一台机器，那么我们就会提出机械化的对策；如果把城市视为一个有机体，那么我们能更好地理解其中的联系和相互关系。

德国弗莱堡是一个很好的例子，它将碳中和作为共同的议题，以此定义城市的运作方式。瑞典的斯德哥尔摩和马尔默也是较好的例子。

◆ **知识密集度与创意城市**。所有先进城市都希望在知识密集度和创新上更上一层楼。这不仅仅与吸引知识型员工，而且与整个经济和城市本身如何运作有关。有一条城市哲学是，只要有把握机会或解决看似无解的城市问题的条件存在，任何城市都比乍看之下拥有更多潜力。

有五十多个城市在打创意牌，而实际上，只有很少几个城市拥有全方位的创意。大多数城市将创造力指向文化领域。新加坡向价值链上游攀升的策略非常聪明，它不满足于成为一个货运中心，也要成为一个知识生产枢纽，现在则立志成为一个创意城市。 还有许多值得关注的小城市，比如瑞典的默奥（Umea）和比利时的根特（Ghent），这些城市规模虽小，成就却相当大。

- **价值驱动发展**。这是指城市将公民个人利益和更广泛的公共利益相结合。40岁以下受过高等教育的人渴望为世界贡献创意与创新，这意味着环境和社会正义问题愈来愈重要。如果城市想要吸引世界各地的有趣人才，价值驱动发展就无法避免。比如，企业在推动气候变化议程中的作用越来越大，因为他们需要确定性来引导研究和发展，还需要吸引最优秀的人才。与从前相比，现在的企业更倾向于落户在能够加强自身声誉的城市，因为他们希望与"好"城市联系在一起。

马来西亚槟城试图通过"智库城市"项目打造一个独一无二的城市，将文化变成转型和安定的力量，将经济发展与强大的社会活动相结合，将创新与传统相结合，其中一个重点是为底层的一百万人创新。大多数北欧、德国和荷兰城市在发展策略中也采用了这种方法。

- **承担全球责任**。希望拥有全球影响力的城市越来越以身作则，尤其是在可持续性问题上。它们的政府和产业在城市环境和可持续发展表现上展现出领导能力和创新能力，而它们的社区也被充分地动员，投入城市的可持续发展项目中。

许多城市将环境问题上的领导地位视为竞争工具，以此吸引更多知识密集型企业和高技能人才。欧盟发起了"绿色资本奖"，第一个获奖者是瑞典斯德哥尔摩（2010），接着是德国汉堡（2011），之后是西班牙维多利亚－加斯泰兹（Vitoria-Gasteiz）和法国南特（Nantes）。全球其他绿色城市还有美国波特兰（Portland）、旧金山、波士顿和加拿大的温哥华。值得注意的是，所有这些城市都有良好的经济表现和丰富的文化活动。

- **影响市场**。通过重新思考监管和激励制度来解决失衡问题，经济适用房等社会正义问题越来越重要。这些项目使不同收入水平和兴趣的人能在不同的住房条件下成为邻里。

北欧的社会模式一直备受赞誉，虽然它并非毫无瑕疵，却较好地平衡了社会议程与经济发展，证据之一就是赫尔辛基、哥本哈根、斯德哥尔摩、奥斯陆等城市常常在宜居性评估中高居榜首。

- **社会基础设施和安全网络**。深谋远虑的城市知道，如果没有社会支持机制帮助弱势群体，一个城市就无法正常运行，因此它们努力平衡贫富差距，以确保整体生活质量。显然，它们要吸引企业家和人才，但它们也知道，贫困会导致犯罪、经济萧条和整体衰退等大量问题。简而言之，它们在经济和社会议程上双管齐下。这些社会福利服务传统上是由国家和城市提供的，而现在，非营利组织、各种协会和个人也在发展大量社会创新项目。这些项目满足了人们的需要，它们的目标是由社会价值而非私人利润驱动。

全球金融危机促使各个州和城市看向那些需要帮助的人的自身能量和创造力，社会创新从边缘转向了主流。例如，欧盟委员会在 2010 年启动了一项社会创新举措；奥巴马政府于 2009 年成立了"社会创新与公民参与办公室"；"社会创新交流中心"（SIC）网收录了全球各地的社会创新举措。纽约市聘请了斯蒂芬·戈德史密斯（Stephen Goldsmith）——《社会创新的力量》（*The Power of Social Innovation*）的作者——主管探索新方法解决社会问题的项目。

◆ **经济支持系统**。大量的经济活动都是通过私人市场进行的，没有公共部门的干预，后者的主要作用是为前者的良好运行提供条件。然而，公共部门的一个重点是鼓励中小型企业发展。硅谷地区的私人风险投资支持系统极其发达，在世界上鲜有能与之匹敌的，已形成一条初创公司输送带。在大多数城市或地区，特别是在欧洲，都有鼓励创业的公共部门。最近关注的焦点是微型企业，尤其在新兴的创意产业领域。另一种称为"三重螺旋"（Triple Helix）的尝试是调动学术界、产业界和政府的互补知识，促成新的创新体系和新型的创新开发协作过程。

经合组织的"地方经济和就业发展（LEED）"项目及"创业、中小企业和地方发展中心"长期跟踪观察这一领域的全球优秀实践。它们搜集的例子包括：城市 CEO（CEO's for Cities）的一百万美元人才分红奖，奖励高等教育发展最快的城市；巴斯克比斯开（Biscay）地区有一个名为 Bizkaia Xede 的特别计划，旨在吸引杰出人才，帮助当地企业家提高能力。

- **高标准的城市基础设施**。一个好城市所有的基础设施都应处于高水平，其中许多在日常生活中并不会见到，比如污水和电力系统、焚化和垃圾回收工厂、防洪和救灾程序。这些基础设施也应当以最可持续的方式维持，例如区域供热系统——当然它们外表也要好看。

大多数发达城市的设施都很好，但有些城市做得格外好。大阪和维也纳聘请了艺术家佛登斯列·汉德瓦萨（Friedensreich Hundertwasser）设计焚化厂，两个焚化厂，色彩缤纷，与众不同，现在都成了旅游景点。在伊斯坦布尔，许多电力分站都伪装成五颜六色的小型建筑物，营造有人居住的错觉。德国的卡塞尔（Kassel）和弗莱堡（Freiburg）让植物长上电力塔，给僵硬的混凝土和钢筋增添了一丝柔和。

- **提高硬件基础设施标准**。将标准作为城市总体设计的一部分，比如改善机场质量，增加公共交通工具的趣味，把街道打造成林荫大道而不是大马路的感觉。好的城市看起来不像是几条公路连接起彼此迥异的开发工程，而是美丽的街道串联起来的各家各户和各个区域。

迪拜常被奉为这一方面的领导者，但是要慎重考虑是否模仿它的方法。它重新思考了土地复垦等问题，但没有处理汽车问题，它的公共交通项目远远不能满足需要。迪拜的重点在于大型项目，而不是建设一个可运行的城市。更好的例子是马德里，它最近把56公里的环路转移到了地下——所谓的"Madrid Calle 30"工程——消除了每天十万车次的车流量。

现在流行聘请明星建筑师设计公共交通枢纽——比如机场与火车站——柏林、维也纳、上海均在此列。即使像比利时的列日（Liege）这样的小城市也聘用了卡拉特拉瓦（Santiago Calatrava）建造一个美丽的车站。

在经过70年的忽视后，随着汽车让出公共空间和城市的人性化，人口密度高的城市对精心设计的公共空间的需求重新得到重视。哥本哈根的长期计划战略是其中最著名的一个例子。纽约最近的举措也值得关注，比如高线公园（High Line linear park）和在第42街及百老汇大街开辟步行区，再比如芝加哥千禧公园的改造，西班牙马拉加（Malaga）、墨尔本及许多荷兰城市的公共空间项目。

◆ **无缝的连通性**。确保所有活动能够无摩擦、低难度地进行是
城市社会和经济成功的核心。这在物理层面的表现是，方便
步行，社区与社区之间有便捷的交通相连，道路畅通无阻。
这同样适用于经济和社会活动，比如办事是否方便？行政机
构是否响应迅速、有效灵活？在有些国家，如新加坡或英国，
几天内就能注册建立一家公司，在其他地方这可能需要几个
月。程序是否快速？法规是否鼓励交易活动？是否普遍联
网？有没有无线上网区？有没有包含快速交通、轻轨、渡轮、
公共汽车、新兴交通方式（如自动人行道）等多种方式的交
通系统？

　　香港的"中环至半山自动扶手电梯系统"是打造便捷山地交
通的最佳案例之一。苏黎世制定了一项政策，确保市内任何地点
都在离公共交通站点三百米的距离之内。新加坡计划斥资四百亿
美元把城市铁路网翻倍：到 2020 年，在市中心生活或工作的每
个人都将离地铁站不到四百米。这个交通项目还提出大力改进城
市公交车、自行车和步行区基础设施，以及实现不小的出租车和
公共汽车减排目标。巴西库里蒂巴（Curitiba）以其综合交通系
统而闻名，该系统优先考虑城市公交——该城市大约 75% 的通勤
依靠公共汽车完成。
　　2009 年墨尔本《世纪报》（The Age）和 2010 年德国《焦
点》（Focus）杂志的调查显示，亚洲城市在无线网络连接方面位
居前列，排名前几位分别是：首尔、东京、香港、台北和斯德哥
尔摩，而巴黎和纽约的排名正在迅速提高。

- **更低的空间成本**。为了保持经济和文化活力，创新者必须要有创业的机会。新公司通常开在废弃的工业建筑物里，因为那儿的租金比新建筑便宜。廉价是一项重要资产，问题在于，廉价会使一个地方越来越受欢迎，那样又会导致地价水涨船高。

柏林之所以能成为创意中心，部分是因为它这类"重生的城市"通常很令人兴奋，同时也是因为它由东西两座城市合并而成，规模庞大。这意味着，与汉堡或慕尼黑相比，柏林的空间相对便宜，它由此吸引了艺术家等群体，一个自我强化的循环——"你必须在那里，因为每个人都在那里"——使他们的同行越聚越多。阿姆斯特丹有一个"繁殖点"的战略，将超过一千个大型旧工业建筑转变成孵化器。其他值得关注的城市有荷兰的蒂尔堡（Tilburg）和意大利的博洛尼亚。

- **广泛多样的人才库**。创意城市打造需要鼓励思想和文化领域的领导者、优秀的公务员以及商业金融方面的人才。有野心的城市需要商业和非商业等各个领域的高智商、思想开放的技能人才。它会发展一个丰富的知识系统和一种强劲的辩论文化。建设高效城市时，对优秀的公共服务经理人的需求常常被忽略。但是，一个有趣的城市也需要医院、中小学校、大学、交通系统和文化等领域中最出色的领导。

爱尔兰向艺术家和知识分子提供减税的优惠，这是爱尔兰再度崛起的部分原因——帮助都柏林吸引了全球各地的企业，即使这个国家现在动荡不安；另外一个模式是意大利的博洛尼亚，它拥有世界上最古老的大学，也有创新型的创业项目；新加坡正在打造知识中心，从而向价值链上游攀升——其人才战略旨在避免即将发生的物流相对向中国港口转移的情况；新西兰政府有一套发达的知识吸引策略，而孟菲斯宣言则是美国用来鼓励知识阶层在二线城市定居的方案。

- **发现、培养、利用人才**。有野心的城市致力于发现、培养、利用、促进、吸引和维护已有的人才，同时从外部引进人才。吸引能推动知识经济的知识中心、研究和高层次活动。这应被视为城市结构的一部分——而不是孤立运行的孤岛——由此促进知识转移。

柏林和阿姆斯特丹以创意中心为名建设、推广城市品牌的方式很有启发性。来到这些城市，尤其是这些城市里的大学的年轻人，补充了当地人才库。伦敦也是如此，学生可以成为城市的再生者，给城市带来新的活力。费城联系大学与城市的策略是一个出色的模式。

- **世界知名大学和研究院所**。科学、工程、艺术和设计等各个领域的世界知名大学和研究院所，能催生新的知识和观点。

对于大多数地方来说，复制伦敦、纽约、波士顿、牛津、剑桥、博洛尼亚、柏林等城市的深度嵌入式知识资源极其困难——这些城市都拥有世界排名前 15 的大学，覆盖科学、设计、艺术、城市规划等多个领域。然而，一个城市可以在某个具体领域发展出强大的市场定位（niches），比如米兰在时尚业和设计业的市场定位，这与当地制造业密切相关。

* **从商业到科学和艺术等各个领域的优秀机构**。

巴黎、柏林、北京这样的大型全球性城市，为成为世界资本、思想、文化影响力的中心，聚集了大批工业、金融、文化、科学和艺术产业——这些方面它们处于统治地位。即便如此，小城市也常常能闯出名声，至少在地区层面获得强大的影响力。例如，德国小城弗莱堡，吸引了众多世界一流的机构，如拥有 930 名员工的弗劳恩霍夫太阳能系统研究所和 ICLEI 欧洲总部；加拿大魁北克市在光电子和生物医药等领域拥有强大的研究机构集群；再如，瑞士巴塞尔的化学和制药行业众所周知，同时它也拥有巴塞尔艺术博览会等深厚的文化背景。

- **充满活力的文化生活**。充满活力的文化生活，正影响着世界的潮流、时尚和观点。

被称为"有活力"的城市像时尚一样瞬息万变。伦敦、柏林和它们的当代艺术曾使人趋之若鹜，之后上海和圣保罗在人们猎奇的热潮中冉冉升起；东京的原宿区是全球时装和设计潮流的孵化器，频繁的创新巩固了它的地位。小城市也可以出名，比如美国得克萨斯州的奥斯汀，以音乐活动闻名；又如根特——中世纪最大的欧洲城市之一——以其多样的文化景观闻名；再如以时尚闻名的安特卫普。这两座比利时城市都表明，影响力与城市规模无关。在过去很长一段时间内，巴黎领导了法语世界的文化发展，而莫斯科则对斯拉夫世界拥有广泛的文化影响力。

- **重要的主流文化机构**。如独一无二的博物馆或画廊等，以及活跃的、补充和挑战主流的另类文化机构。

利用艺术机构复兴西班牙城市的成就有目共睹。主流艺术得以充分发展，但也有人批评说，非主流艺术活动发展不够充分。主流艺术项目包括瓦伦西亚的艺术与科学城、毕尔巴鄂的古根海姆博物馆、马拉加的毕加索博物馆、马德里的索菲娅王后国家艺术中心博物馆（Reina Sofia）和西班牙的商业银行文化中心（Caixa Forum）。然而，文化的机构化及其对文化预算的大量占用，可能会导致其他活动的缩减，其中的危险在于形式大过内容。纽约百老汇演出和外百老汇演出闻名遐迩——当然，纽约市规模庞大；尽管如此，小城市也可以拥有不一样的活力，例如瑞典北部的默奥（Umea）或澳大利亚珀斯附近的弗里曼特尔

（Fremantle）。

+ **出色的美食和酒店餐饮文化**。烹饪和食物是
  生活之必需，而食物分享则是人类最重要的
  文化活动之一。当地人和游客都会通过好客
  程度、咖啡厅和餐厅来评价一个地方。城市
  尤其可以通过食物与氛围来展示其特色。在
  这个日益被快餐连锁店统治的世界，开一家
  餐馆依旧可以帮助有趣的新来者在城市扬
  名——这也是仅剩的几个领域之一。优秀的
  厨师难以批量生产。餐馆排名系统琳琅满
  目，最有名的是米其林指南，但有些人认
  为他们的标准过于传统，新的标准正在兴
  起。现在，食物也是人们前往某个城市的主
  要原因之一，有时甚至比文化遗产和活动更
  重要。

　　所有的城市都会或多或少地宣传自己的饮
食文化，而布拉格、哥本哈根和赫尔辛基则明
确地将美食作为城市战略的主要部分。赫尔辛
基目前有三个重点事项：①高质量设计（2012
年"世界设计之都"），②吸引外国学生学习定
居的人才战略，以及③新鲜的当地食物，这也
使得它与农村地区和农民建立了良好的关系。
哥本哈根 Noma 餐厅目前拥有"世界最佳餐厅"
的桂冠，而天竺葵餐厅（Geranium）的拉斯姆

斯·科菲德（Rasmus Kofoed）则被评为"世界上最好的厨师"。美国城市 CEO 的"城市生命体征"（City Vitals）指数也通过快餐连锁店的数量、餐厅生活的多样化程度来评估一个城市。旧金山－奥克兰－圣何塞城市区、纽约、波士顿、波特兰和西雅图毫无疑问地名列前茅。

- **发达和得到良好支持的创意经济**。这一产业部门由设计、新媒体和表演行业为主导，在推动城市经济发展、塑造地方特色和形象方面越来越重要。它的经济重要性被日益认可，而它对城市活力的额外文化作用更值得我们关注。

  在推动这些行业主流化方面，英国一直是领导者，这是其国家经济政策的一部分；曼彻斯特、布里斯托尔（Bristol）或纽卡斯尔等城市是其中的先锋。这是欧盟经济政策的核心。现在，几乎每个国家都有这样的政策，往往由它们的城市率先实践。例如，上海、深圳等城市建立了多个专门的创意产业区，并举办国际创意产业博览会。

- **文化遗产**。文化遗产是主要资产之一，它是城市在变革之路上的身份寄托。同样，在城市重建过程中，文化遗产可以用来留住人才、避免人才流失。它也是吸引城市所需新人的一股力量。对于拥有丰富文化遗产的城市来说，要避免让过去的辉煌限制了开放、探索未来的意愿。这可能导致城市的博物馆化，使旅游业而非新经济活动变成经济的驱动力。

  过去 25 年的一个重点是重新利用工业遗产。艺术家、创意

深圳湾 ———————————————————————————————— 田欢 摄

团体或创业公司常常租用那些欠发达地区的旧工业建筑。他们并不那么介意那些地方的混乱，而是一起改善当地的环境，吸引咖啡馆、餐馆等其他服务入驻，由此成为地区复兴的领导者。随后，越来越多主流公司开始跟随他们，搬迁到这些"时髦"地段，然而，这一过程却恰恰可能摧毁这些地方原有的吸引力。

基本上每一个重要的城市都在重新启用旧建筑。比如，纽约苏豪区（Soho）最初的发展，这一过程现在转移到了丹波区（Dumbo，号称"纽约的新创意之都"）、红钩区（Redhook）和曼彻斯特的北区。这一进程也发生在柏林和世界上许多城市。像新加坡那样几乎摧毁了建筑遗产的，现在追悔莫及。

都柏林的圣殿酒吧项目（Temple Bar project）利用文化遗产重新打造城市，将这座城市破败而历史悠久的内城改造成了一个文化艺术社区，这个社区一直被视为文化复兴城市的典范（不幸的是，现在它面临着游客过多和饮酒过度的问题）。相比之下，苏黎世的苏黎西区（Zuri West）则通过重新使用旧建筑，为城市注入了新的活力，也加强了城市文化的其他方面（如当代艺术市场）。

全世界有几百个类似的例子，从伯明翰的卡仕达工厂、赫尔辛基的电缆工厂到斯洛文尼亚马里博尔（Maribor）的博卡纳（Pekarna）。这些建筑的欧洲协会——跨欧哈里斯——正在帮助准备关于它们的概述。

- **全面的活动与节日策略**。庆祝活动、节日和仪式是任何城市或农村社区基本结构的一部分。这为城市提供了一个展现自己、展现人才、邀请其他地方顶尖人才的机会，特别是当舞台在公共领域时。通常这些活动是艺术性的，每个重要城市都会有。然而，新的形式越来越多，如澳大利亚的阿德莱德和布里斯班的"创意节"概念、爱丁堡和热那亚大受欢迎的科学节等。重要的是，要把主流和非主流结合起来，以展现当地的方方面面，并为年轻人提供创意与创新机会。最出色的活动能将当地和全球视角结合起来。

  这些活动不仅仅为了外在形象，它赐予城市一个暂时从日常琐事中抽离的机会，促使城市自我反思。人们日益重视地方激活（place activation）这一概念——使少有人关注的地区提高吸引力，使它们感觉起来更安全有趣。那些小城市的节日往往能产生更大作用，因为整个城市都会参与其中，比如意大利斯波莱托（Spoleto）和美国查尔斯顿（Charleston）那些有名的节日。综观全球各地的活动，我们能看到大量的想象力。你能想到的任何活动，都可能已经存在。

自 1947 年起，爱丁堡可能是最广为人知的节日城市，实际上，它的非主流活动比传统的音乐或电影节更为夺目。这个城市的身份大部分建立在节日生活之上。美国罗德岛普罗维登斯（Providence）的水火节（WaterFire）是最受欢迎的新兴城市仪式之一。三条市中心河流上每年二十多次的火焰雕塑装置成了普罗维登斯复兴的象征。它由一组一百只的篝火构成，这些篝火在水面上方燃烧，水与火的力量将居民和游客聚集到一起。赫尔辛基的艺术之夜表明，任何地方都可以成为阅读诗歌或聆听音乐的场所，包括家具和服装店。它让人们看到城市本身如何变成舞台。

- **一点不同寻常**。城市生活不易，有时候人们需要灵感，灵感可能来源于各种活动，也可能来自更加固定的特色事物。不走寻常路常常有回报。

1977 年 12 月，维也纳市长把市中心的一片废弃场地交给了艺术家佛登斯列·汉德瓦萨（Friedensreich Hundertwasser），请他设计和建造社会福利住房。一栋"疯狂独特的房子"由此问世，它的建筑本身就是一件艺术品。这座色彩缤纷、线条灵动的房子拥有 52 套公寓，一间儿童冒险游戏室，一间医生手术室，一间带露台的咖啡厅，还有房子正中央的冬季花园和三个公共的绿化屋顶露台。这个项目极其成功，已然成为一个主要旅游景点。阿尔巴尼亚地拉那市（Tirana）前任市长埃迪·拉玛（Eddy Rama）受此启发，将一百多座建筑物漆上了不同寻常的抽象图案。德国鲁尔地区的埃姆舍公园（Emscher Park）工程是一个更大的例子，公园占地面积广阔，在它的杜伊斯堡（Duisburg）部分，大型废弃钢铁厂被改造成冒险游乐区，矿渣堆成步行道，由此，过去的污染变成创造新环境产业的契机，问题转变为潜力。

- **临时性的规划项目**。城市往往害怕冒险，而临时项目既可以充当试点，也可以用来探索不同寻常的想法。

巴塞罗那著名的口袋公园策略之所以存在，因为市政当局优先考虑当地社区的需求，拒绝释放全部土地给商业或住房开发，为公园用地颁布了临时许可。这些"临时"许可最长可达 50 年。建公园既可以防止市内部分地区荒芜，又能保留未来的建筑用地——假如城市的住房需求扩大的话。这个"临时"的概念也给予了参与设计的艺术家和建筑师极大的自由，因为如果这些工程属于永久项目的话，即使考虑到加泰罗尼亚人对超现实、荒诞和鲜艳色彩的偏爱，许多作品也可能不会被设计得那么古怪幽默。

西班牙萨拉戈萨（Zaragoza）的"这不是空地"项目

（estonoesunsolar）极其成功。帕特里兹亚·德蒙德（Patrizia di Monte）与当地社区协商后，将城市里 12 个废弃场地改造为各式场地，其中一个变成了多文化菜园，种上了不同新移民群体的家乡植物，这个菜园因此也成了一个社交聚会场所，另一个废弃场地变成了运动场，还有一个成了露天咖啡馆。所有场地都通过相似的设计系统进行品牌命名和编号，现在已经吸引了很多访客。目前，德蒙德的团队被要求延长这个项目。

1990 年，在规划部门的同意下，环保艺术家吉姆·兰迪（Jim Lundy）在夜间把墨尔本的主干道斯万斯通大街（Swanston Street）铺上草坪，将其暂时回归步行用途。这一行动引发了激烈争论，促成了墨尔本市中心的第一个行人专用区，墨尔本被视为世界最宜居城市之一，与此不无关系。其他城市模仿了这个方法。2009 年，纽约第 42 街关闭，街上摆满大量便宜的椅子。人们几乎不敢相信他们可以在这座城市最繁忙的街道上放松休息，要求它成为永久性的措施。2010 年初，规划部门同意了这个要求。

* **设计是特色与目标的驱动力。**它的主要副产品是将美和审美引入讨论。

芬兰尤其赫尔辛基（2012年"世界设计之都"）、丹麦、西班牙、魁北克和蒙特利尔（目前是联合国教科文组织的创意设计之都）的城市设计策略都值得考察。多伦多等城市会特意吸引明星设计师，但这种意义上的设计非常狭隘；设计的定义越来越广。设计视角包括服务设计，例如，如何让城市体验更加无缝，比如利用电子信息系统、为市政服务设立一站式服务等。

- **来自不同时期的高质量建筑**。建筑塑造了我们对城市的感知，建筑的深度、多样性和历史气息是城市感官吸引力的重要组成部分。

  除了罗马、巴黎等具有全球知名度的历史城市外，像美国萨凡纳、查尔斯顿，旧金山和比利时安特卫普这样的相对较小的城市，它们在步入现代的同时，也保留了过去的质感。这除了吸引游客等显而易见的作用外——由于城市规模小，氛围浓厚，是理想的聚会场所——还能带来别的经济效益。

- **美丽街道与公共空间**。遍布整个城市或宏伟或私密的美丽街道与公共空间，以及多元、多层次、作为当地活动中心的开放空间和公共领域，是好城市（无论规模大小）的关键。它们可能在商业区或住宅区，包括大大小小一眼能辨认的美丽街道——从极其出色、具有代表性的，到普通而优质的。

  巴塞罗那公共空间和公共领域的策略很有示范价值，尤其是它的一百个口袋公园策略、格拉西亚大道（Paseo de Gracia）等著名街道、重建的与海洋的联系、市中心的生活工作混合区，都被视为典范。该市对其加泰罗尼亚身份的拥抱以及利用城市公共空间打造独特的设计风格，促成了其文化复兴。

美丽而被合理使用的广场和街道定义了一座城市。我们会想到波兰克拉科夫的中央集市广场（Rynek Glowny）、罗马的纳沃纳长方形广场（Piazza Navona）或更加现代的墨尔本联邦广场（Federation Square）；苏黎世的车站大街（Bahnhof Strasse）很有魅力，巴黎的市场街道穆浮达大街（Rue Mouffetard）有市场特有的喧嚣吵嚷，而伊斯坦布尔的独立大街（Istiklal Caddesi）则处处是东西文化的强烈碰撞。

- **特色社区与多层次的空间和活动场所**。不同价格区间的各种特色社区和住房，多层次的空间和活动场所，包括高度集中、在城市景观中能一眼识别的商业、文化和娱乐活动。

温哥华创造了一个个充满活力的社区，成功地融合了工作、生活和休闲——因此，这座城市长期占据全球宜居城市排行榜榜首。波士顿有时被称为"社区城市"，它拥有许多独具特色的社区，如后湾（Back Bay）、南湾（South Cove）、海德公园（Hyde Park）和福特波恩特（Fort Point）。墨尔本有不同档次的各种社区，包括较低端的菲茨罗伊（Fitzroy），高端

的图拉克（Toorak），以及中端的卡尔顿（Carlton）、里士满
（Richmond）、圣基尔达（St. Kilda's）和普拉汉（Prahan）。大
多数大城市内部都有分区，但彼此之间几乎没有差别。

- **创造丰富深刻的体验**。使人们感觉自己是体验的制造者、塑
  造者和共同创造者，而不是被别人打包好的体验的消费者。
  城市的待客之道、购物机会和旅游景点是体验的一部分，但
  让人们感觉可以表达自我，也同样重要。这包括从昂贵到物
  美价廉的不同层次、不同种类的零售机会与商店，以及具有
  当地特色的、拥有不同侧重和选择的各种市场。从餐厅到休
  闲娱乐、到街头生活、到高端和低端文化，不同价位的各种
  体验对城市都很重要。遗憾的是，大多数城市创造的购物体
  验以大商场为中心，千篇一律。最近，城市逐渐认识到，室
  内商场会导致街头生活的衰落，需要被重新考虑。

  我们可以想到许多城市，比如各种贸易生机勃勃的香港，然
  而，随着国际品牌日益统治市场，它可能失去自己的独特性；阿
  姆斯特丹在约丹（Jordaan）、七线（Seven Lanes）和达姆拉克
  （Damrak）等区保留了大量的市场和独立商店；巴黎依旧是世界
  时尚之都，能满足所有的喜好和价位需求——从高级定制到颓废
  摇滚风格和复古时尚。在世界范围内，还有像意大利的里雅斯特
  （Trieste）、热那亚（Genova）、挪威卑尔根（Bergen）或塔斯马
  尼亚霍巴特（Hobart）等小城市，既保持着鲜明的地方特色，又
  与世界紧密相连。

- **形形色色、各式各样的交易会会、议和活动**，涵盖政治、经

济和艺术等众多领域。

世界 2/3 的主要贸易展览会在德国举办，法兰克福、杜塞尔多夫、汉诺威、慕尼黑、科隆、柏林、纽伦堡、斯图加特、埃森（Essen）、莱比锡和汉堡等城市的国际展会所涵盖的工业服务业部门数量令人叹为观止。当然，中国也有广交会、上交会、厦交会等大型展会。其中的主要问题是，展会是完全与城市隔离，还是城市生活的有机组成部分？展会的经济重要性不可否认，如何让它们为城市生活做出更大贡献，则是更有意思的问题。

有两个有趣的例子：芝加哥是美国主要的商品交易会举办城市，它启动了"艺术芝加哥"这一文化项目，将艺术展会的概念重新定义为一项具有全球吸引力的社会和文化活动；迈阿密和瑞士巴塞尔则把艺术展会变成了城市的一项重大社会活动。

好地方的特点

总而言之，有野心的城市应具备以下特质。

* **有能力在城市硬件和软件层面双管齐下**。对城市硬件设施的关注要平衡适度——硬件设施需要为社会关系与社交动态服务。城市领

导小组需要更好地理解后者的价值，重视城市氛围、宜居程度、居民安乐和公共领域等问题。

* **衔接当地信息生态（local buzz）与全球信息渠道（global pipelines）**。公共领域的再次兴起是为了让机缘巧合的好事（serendipity）更有可能发生，让偶遇和面对面的接触更容易，让我们可以"撞见乐趣"。这是发展知识经济的核心要求。一个地方既要有个性与灵魂，也要能吸收借鉴最出色的国际元素，而这一切必须发生在由地方的身份和独特性所构建的总体框架内。

* **文化和开放的力量**。一旦符合国际标准的基础设施到位，一个地方要想出挑，便要与众不同。这就需要我们关注每一种文化的丰富性，以及它如何与其他文化相关联。这是知识经济良好运行的前提。

* **通过成为交流中心来打造中心地位**。这需要我们看到交流的物质层面与非物质层面，这是一门管理产品、服务、思想、创造力和知识流动的艺术与科学。它涉及对全球战略网络施加影响，无论是实物的、虚拟的，还是基于知识和研究的。

* **勇气和胆识**。能够构想打破常规的大胆举措，比如新型的公共交通和大规模的改造。一个城市若能了解某项措施的直接和间接经济影响且愿意为了长期收益而承担短期损失，往往容易胜出。

* **重新思考符合21世纪需求的城市治理**。城市转型需要领导和一个跨学科的专业团队；还有一批具有战略原则性和战术灵活性的合理规定和激励机制，比如，城市管理通常按照传统功能——住房、公园、医疗、治安和交通等——进行划分组织，但上面提到的其他层面，比如对整体氛围的管理，往

往没人负责。

- **综合思考、规划和行动**。"一亩三分地思维"和部门主义无法应对城市的复杂性，从各个组成部分上升到整体愿景很困难。要创造最好的愿景，首先要看到相互依存关系，其次再讨论细节。

- **从品牌建设转向城市声誉管理**。在营销中，品牌是与产品或服务相关的所有信息的象征性体现，比如名称、图像、符号和预期。由于人们对可能的炒作心存警惕，所以最好把重点放在有形成就上。建立声誉、推动认可、引发全球共鸣——这些口号越来越流行了。

- **面向未来和抗打击能力**。若要投资未来资产，城市需要从为未来做准备、提高抗打击能力的角度考虑其项目和计划。

- **愿景和想象力就是一切**。在这方面，作为城市愿景的一部分，槟城应当提高其宜居指数。

提高创新能力的步骤——————

以下是强化创新意识、建设更具创意城市的一系列步骤：

- **意识到危急情况或危机**

  看到城市现状不够好，对城市发展方式存有理性的不满。

- **分析当前情况的不足**

  列出真正重要、亟待解决的关键问题和

事项，在公开论坛和媒体上讨论这些话题，并公开讨论结果。

- **认识到创意也是一种资源**

  判断所发现的问题是否可以通过创造性的方法得到解决，援引其他地方的成功实践，向决策者证明这些问题可以解决。通过讨论推广这些方法。

- **思考创意如何应用于城市发展，为后者带来更多价值**

  在思考如何解决各种问题时，确定一些可以发挥催化作用的问题。比如有一座惨不忍睹的地标性建筑需要处理，而你设法用较低的成本改造美化了它，人们就会有信心解决其他更复杂的问题，讨论、推广这些议程。

- **判断城市的创意资源**

  思考城市的愿景是什么或城市可以打造怎样的项目。列出能想到的所有资源，评估它们是否得到充分利用。这是一个多方参与、共同思考的过程。

- **对城市进行资产和障碍审计**

  考虑所面临的障碍，制定跨越这些障碍的影响策略（strategy of influence），思考与何人建立怎样的合作关系。不要简单地说"我们面临的障碍是金钱"，因为一个有创意的办法，其目的正是思考如何跨越这个障碍。此时遇到的最大问题可能是思维定式，所以通过实例证明创意措施的有效性将非常重要。

- **选择催化项目展示创意的作用**

  根据两个轴列出一张所有可能项目的清单：在一个轴上列出成本较少、难度较低、为期较短的项目，另一个轴上列出成本较高、难度较大、为期较长的项目。从第一个轴上的项目着手，以实现第二个轴上的项目为目标。努力判断哪些项目能产生最具催化性、最显著、最难忘的影响。

- **通过解释、证据和实例说服利益相关方认同创意的重要性**
  尽可能地搜集证据和例子，最好是来自与所在城市类似的地方。展开讨论，努力说服、启发各方利益相关者，使之认同创意的重要性。举办一系列活动，邀请来自其他城市的发言者。

- **开发创意平台**
  这是一套综合的、精心策划的行动，旨在将创意思维、创造性的问题处理方式、新颖的机会创造模式刻入城市基因。它在本质上是一个有短期、中期和长期目标的行动计划。它包括针对城市需求的各种活动、项目和工程。每个城市的具体情况会有所不同，但也有些普遍性的原则，比如多方协作和对试验保持开放心态。在试验方面，"某某节"这种形式非常有用，比如城市设计节、科学节以及世界各地愈来愈流行的创意节。

- **重新评估规则和激励制度**
  在打造创意平台的过程中实施这些步骤，将揭示现状与理想状态的差距，重新评估城市规则是否有助于创意。

- 通过各种措施评估、监测城市的创造力

  例如，按照"衡量城市成功"一节的建议评估城市创造力。

创意牵线者

在建设更加全面的创意城市的过程中，中间组织能发挥重要作用——我们称这类组织为"创意牵线者"——因为在这一过程中，在各方差异间谋求共识非常重要，而这需要牵线者、促成者、协调者这类角色的技能。这个角色或是个人，或是组织，能够超越日常琐事，略过细节，抓住关键。之前提到的毕尔巴鄂 Metropoli 30 项目，正是组织扮演牵线搭桥角色的一个例子。

通过集结人员、组织和想法，牵线者可以超越纷争，把注意力汇聚到"真正重要的事情"上。它俯瞰所有事务和各方关心的问题，寻找共同议程。例如，它可以看到很多组织认为相当重要，但不是最重要的问题——通常因为那不是它们的主要职责。由于大多数组织都守着自己的一亩三分地，很多问题会被忽视，但它们可能是一个城市最重要的任务，比如，城市在全球竞争中的地位、城市对今后 20 年的愿景或提高城市创新能力的需要。此外，有时候牵线者也可以审视某个问题（比如人才问题），找出人们对它的看法过于狭隘的原因。

教育部门无法独立解决教育问题。这时也需要创意牵线者来设计议程。大多数城市地区需要吸引高技能、有趣、有创意或先锋式的人才——知识游民这类流动人群，但城市也需要创造条件，培养更多的本土人才。这项任务远远超出了教育部门的能力，尽管它也发挥了重要作用。

共同创造平台 ———————————

牵线搭桥式组织的另一个作用是扩大发展项目的规模，比如"开放式创新"。"开放式创新"的逻辑正在从商业扩展到政治等其他领域，其核心是"共同创造"，在商业之外也有广泛应用，包括民主的发展，以及如何制定解决某个社会问题对策。最佳的"开源创新"过程是参与式的、授权式的，旨在鼓励各个团体或群体——通常是对某个问题感兴趣的群体，例如开发 Linux 平台的不同团体——发挥广泛的创造力。它提供了一个框架，允许具有广泛代表性的机构和团体在全球和地方各个层面参与创新，分享成果。开源创新是一次创造性的、富有想象力的飞跃，它促成了一项鼓励创意和创新本身的关键创新。

我们一直认为，发明创新应该受到专利保护，因为这样可以保护收入来源，作为付出努力、研究、资源、承担风险的回报。然而，现在我们认识到，专利保护有一个弊端，即它可能降低创造能力和创新潜力，因为它把创意禁锢在专利持有者之间，对它进行了垄断，阻止其他人发展这个想法、产品或流程。它试图通过控制发展过程来保证收益最大化。

一个有趣的问题是，这个逻辑对城市是否适用？城市版的专利模式是部门主义和封闭思维。在商业和其他领域仍然占主导地位的专利模式通常被视为一种"封闭的创意或创新系统"，它的探索和研究好比是一座座活动"孤岛"，发生在与外部世界很少或根本没有联系的研究机构中，研究成果则被预计会随着时间慢慢传播开来。在城市语境下，这表现为一个城市或部门只向内看，向自己看，于是就产生了一种脱离大众、自说自话的倾向。某个部门在创作过程中产生的技能和知识被局限在一个有限的群体，对于它所在机构、社区或城市的整体的创造意识与体验几乎毫无贡献。大多数封闭式创新倾向于在与特定资金目标或政策要求相关的狭小范围内传播，由此降低了通过与其他部门合作而衍生创意的可能性，如果合作不是要求的一部分，那创新或意外几乎不可能发生。此外，缺乏外部人士的参与也会降低总体的创新潜力，因为"在外面"可能有形形色色的创新人才，他们都能给城市建设添砖加瓦，包括来自不同背景、代表不同利益的潜在客户和利益相关者。他们是构成一个系统或城市的相互依存的各种组织，从大大小小的企业，到社区组织，到公共部门，他们可能需要创新，但没有知识或资源来进行独立创新。

开放式创新系统是我们所说的"创意环境"的核心，它汇集了因同时追求共同和各自目标而走到一起的各方各派，因而能够更有效地调动创造能力。此外，这种创新方式成本低廉，因为它把创新、创造知识与衍生品的过程分摊给了更多人。奥巴马政府的华盛顿"民主软件"项目是个很好的例子，它向社区发出解决城市问题的挑战。评估表明，这种方法远比传统方式更有效、更廉价。传统的方法不一定能提供最佳的投资回报。开放式方法鼓励实验，允许各种发明像当初的短信那样"泄漏到市场中"——人们当初并未预见短信会成为手机的核心功能。这样，它又能催生下游的一系列创新衍生品。

这些都意味着"创意城市"是一个方方面面都充满想象力的地方。它有一个富有创意的行政机构，各种富有创造力的个人、组织、机构、大学，以及更重要的——一个创意生态系统。它需要的基础设

施不只是硬件——建筑、道路、污水处理厂或高科技
园区，还有各种软件——城市的思维心态、城市应对
机遇和问题的方式、城市环境以及它所形成的氛围、
城市通过激励机制和管理结构建立的促成手段。它
需要思维方式的无数改变，需要创造条件使人们成
为变革的推动者而非受害者，需要把变革视为一种
基本生活体验，而非一个一次性事件。

衡量城市成败

排名系统

有许多机构或项目根据城市竞争力或其教育系统知名度对世界主要城市进行排名，包括美世咨询公司（Mercer Consulting Group）、经济学人智库（Economist Intelligence Unit）、洛桑国际管理发展学院（IMD）、全球化与世界城市研究组（Globalisation and World Cities Study Group）、"全球适宜居住城市指数"（Global Liveable Cities Index）、仲量联行的"全球城市竞争力研究计划"（Winning Cities Programme）、理查德·佛罗里达（Richard Florida）的"创意指数"（Creativity Index）、《泰晤士高等教育增刊》（Times Higher Educational Supplement）、上海交通大学"世界大学学术排名"、西班牙"世界大学网络排名"（University Webometrics）、英国 *Monocle* 杂志以及创新咨询机构 2thinknow。

给城市排名已然成为一种新时尚。同一城市的排名会有很大差异，因为每个排名系统都倾向于采用不同的指标进行评估：其中一些关注城市的经济表现或全球连通性（global connectivity），另一些则试图关注宜居程度、生活质量或"创新"能力。

虽然这些排名系统没有生成一个统一排名，有40个左右的全球性城市得到了普遍认可。

排名和联赛表本身已成了竞争工具。它们当然是用来评估城市的，但同时也是营销工具。比如，新加坡建立了一个"宜居城市研究中心"，在自己的排名榜上遥遥领先，排名系统必须谨慎对待。一个核心问题是，谁是委托与组织研究的主体？例如，美世咨询公司是一个人力资源和相关财务咨询机构，它的排名有特定的视角。在美世的排名里，加拿大卡尔加里（Calgary）被提名为世界最佳生态城市，而著名的生态城市斯德哥尔摩和哥本哈根仅为并列第九名，汉堡则只排到了 35 名，这实在难以令人信服，也导致了人们对整个排名系统的质疑。这或许是因为北美与欧洲对于可持续发展的认识不同，或者是因为评估标准不充足。美世的评估指标包括水资源、饮用水资源、废物清除、污水处理系统质量、空气污染和交通堵塞——非常狭隘的可持续性概念。即便如此，能够自称世界最佳生态城市，依旧拥有巨大的市场价值。另一个可能存在偏见和标准不公的排名是全球大学排名，这部分是由于英美系统的偏见——在教育方面，表现为在评分时偏向自然科学和基础研究中的博士数量。相比之下，许多新兴的或急需的创新都来自偏设计或艺术的学科，而这些学科几乎不授予博士学位。正如一位副校长所言："提高排名的最佳方式是取消艺术类学科。"

衡量创造力

关于创造力有大量文献，许多学术领域都从自身角度对创造力进行评估：创造力是什么，创造力的历史，富有创意的个人的传记，创意想法产生的过程，衡量评估创意水平的技术，鼓励创意的方法和如何衡量创造力。这些文献绝大多数集中在个人以及他们如何或是否具有创造力。对组织创造力的兴趣正在大幅增长，在过去的 20 年里，创意城市和创意地区的概念在议程上越来越靠前。

衡量个人创造力

衡量个人创造力的测试有很多，或许有 200 个，其中有太多关注艺术能力。从本质上讲，它们强调了几件事：思维模式可以改变，想法可以通过工具得到解放，新的解决方案可以被找到；可以使用技术增加想法的数量、产生新的想法、重新构思旧想法，这些技术依靠开放和切换视角、转变观念，以及将复杂的想法结合到一起。

衡量组织创造力

人们现在在问，创意组织如何实现。首先，这需要消除阻碍个人创造力的因素，比如工作场合允许播放音乐、让工作变得更加有趣、在工作日常或团队建设中强制放松大脑、建立工作时间表、改变工作环境以激发创意与热情。其次，培养一种鼓励创意的文化和环境，使人享有行动的自由、给人设立适度的挑战、在绩效评估中奖励创意。最后，人们越来越意识到工作场所内外都很重要，所以城市环境的质量和设施便利变得非常重要。

衡量城市和地区的创造力

区域创新研究历史悠久，创意环境方面也有一些研究，侧重于研究能力、大学知名度、集群、风险投资、基础设施支持等问题。

Gunnar Törnqvist 和 Åke Andersson 在 20 世纪 80 年代前期到中期发展了这个概念，理查德·佛罗里达的研究使这个讨论更进一步。他的一个中心论点是，过去人向工作移动，现在工作向人移动。这意味着城市和地区不仅需要就业氛围（jobs climate），也需要"人才氛围"（people climate）。那些有吸引力的地方是能够诱惑吸引创意阶层——那些发明新的想法和更好的做事方式的人，包括知识游牧民、研究界和从事创意经济的人——的地方，它们非常舒适，又有浓厚的创意氛围。

衡量一个系统的创造力————

创意生态系统的衡量，尤其是国家与国家间的比较，目前还处于初级阶段。然而，已有各种组织在评估创新与创新系统的衡量标准，从经合组织（OECD）、欧盟及其欧洲创新记分卡（European Innovation Scorecard）到各个大学和企业。由雨果·荷兰德斯（Hugo Hollanders）和阿德里纳·凡克瑞森（Adriana van Cruysen）撰写、INNO Metrics 公司代表欧洲委员会出版的报告，《设计，创意和创新：记分卡方法》（2009）（*Design, Creativity and Innovation: A Scoreboard Approach*），是衡量整个系统创造力的最早尝试之一，是迄今为止最全面的跨国研究，它显示了创意、设计和创新之间的强烈关联。

他们承认，由于缺乏指标和数据，以量化和统计方式衡量区域、国家和国际层面的创造力和设计存在缺陷。荷兰德斯和凡克瑞森所采用的方法是使用三种替代指标或间接衡量标准——创意教育、自我表达、包容开放。在创意和设计方面表现最佳的国家就是创新的领导者，它们是芬兰、瑞典、德国和丹麦。

衡量城市时的两难困境————————————

衡量城市的关键问题包括现有数据的性质，主观、客观、定量与定性数据的相对重要性，如何在城市之间进行数据比较，被衡量的某个给定性质的比例和范围，当地环境的特殊性以及数据如何加权。

国家和地区的经济社会状况有大量数据，使用国家统计机构采集的大范围的核心信息进行国家间的比较是可行的。难以避免的是，这些数据非常宽泛，比如某个地区有多少人居住、出生率、死亡率、初创企业或汽车的数量。目前还没有能帮助我们了解城市确切动力的城市层面的长期统计数据。此外，在区域层面或地方层面收集的信息不容易进行比较——它们可能是针对特定研究的信息，并没有在国家层面上进行比对整合；有些则被视为机密信息，不易获取，比如某些犯罪数据。空气污染、噪声、土壤污染和水质等环境问题上收集的信息也是如此，它们通常没有经过整合。

评估城市需要结合主观和客观数据，但这些数据并不总能以客观的形式获得。此外，一个城市的好坏取决于现实、真相、炒作、形象和认知等各种因素——它们通常通过媒体描述传播。因此，需要以四种不同的角度来看待数据。

- 主观现象的主观指示，例如，人们感觉有多安全？

- 主观现象的客观指示，例如，人们每周因为
  害怕晚上步行回家而打车的费用是多少？
- 客观现象的主观指示，例如，人们对附近照
  明或公共交通频率满意程度如何？
- 客观现象的客观指示，例如，巴士服务的频
  率如何？艺术中心举办了多少活动？

客观数据可以量化和测量，而主观数据只能被
评估和判断。在看待像城市这样复杂的事物时，一
组简单的定量数据不可能提供准确的描述。始终有
必要根据当地情况理解数据，并了解不同类型数据
之间的相关性。比如，人口背景统计数据与特定社交
群体在晚上使用城市中心的数据之间就存在关联。

建立一套核心指标，通过量化数据定期监测城
市的表现——例如零售业表现如何——是有可能的，
但并不够。还有必要建立一套方法来获取定性背景
信息，由此充分判断城市表现上的某些变化的重要
性。例如，公民的自豪感是城市发展能力的重要组
成部分。在某种程度上，这可以通过间接数据来衡
量，如当地报纸、广播和电视的读者、听众、观众
数量，但这不足以对公民自豪感进行全面评估，还
得问更多一般性的问题，比如民间组织的存在与否。
也许还有必要问一些关于当地传统、仪式和其他关
于当地历史的更详细的问题。

总之，定量数据很重要，因为它可以告诉我们
存在着什么现象。然而，必须辅之以定性数据，这

些数据能帮助解释某个现象为什么存在，如何存在，以及如何随着时间推移而变化。

每个积极的性质都带有潜在的负面影响。例如，多样性从概念上来说是好事，比如一个庞大的企业网络，但是过度多样性可能会变成坏事，比如，巨量人口在较短时间内涌入城市，就可能把城市压垮。同样，城市设施的可达性（accessibility）通常是件好事，但另一方面，如果某座娱乐设施太受欢迎，也可能造成消极影响。

这里的关键概念是临界点（threshold）：积极性质在什么时候会变成消极性质？有各种基准来帮助判断，尽管它们在所有情况下皆不易辨别。

就当地具体情况而言，问题不仅在于某个事物的数量，还在于它的位置。以停车位举例，表面上或许可以说，与竞争对手相比，某市市中心有足够的停车位。然而，它的停车场可能设在了错误的位置，对城市中心的发展能力没有贡献，因为它们稍微偏离中心，对购物者来说太不方便。

最后，如何权衡孰轻孰重。传统观点通常认为经济问题最重要。然而，现有的调查显示，在一些城市人们更重视环境质量等非经济议题。确定孰轻孰重在某种程度上是个政治问题。

城市成功的经典定义

本书描述的转变改变了我们衡量一个城市或地区成功与否的方法。通常被评估的特质是：

• 位置
• 物理环境特征

- 基础设施

- 人力资源

- 金融和资本

- 知识和技术

- 产业结构

- 机构能力

- 商业文化

20 世纪 90 年代发展起来的更现代的资产评估
方式：

- 经济概况

- 市场前景

- 税收水平

- 监管框架

- 劳动环境

- 供应商和实用知识

- 公用事业

- 优惠政策

- 生活质量

- 物流

- 场所

- 社区身份与形象

这些因素在今天基本上可以沿用，但有必要区
别"旧经济"（工业时代）与"新经济"（基于知识

的经济）思维。前者主要考虑的因素是成本和规模。在"新经济"中，竞争力的生产成本维度仍然重要，但其他维度，比如质量、人才、创新、连通性和独特性等，也开始发挥重要作用。

在这里，我们看到了新的因素，比如生活质量、社区身份与形象等。这与知识密集型经济的兴起及上文描述的全球性变化的发生时间重合。

吸引力

"吸引力"[1]这个概念是描述城市潜力的另一种方式，它评估的是影响人才吸引、维护、流失的因素，以及阻碍或排斥人才进入城市的因素。这是一个多维概念，结合了对硬件和软件因素的评估，给予两者更加平等的权重，并从经济、社会、文化和环境角度对每一因素及资产进行估量。吸引力通过可计算的现实和认知，审视城市的内在与外在，它的评估标准包括：

- 关键数量（critical mass）
- 身份和独特性
- 创新能力
- 多样性，可达性
- 安全（safety）与保障（security）
- 联系性和协同效应（synergy）
- 竞争力

---

[1] Developed by Charles Landry initially with Franco Bianchini in various publications from 1999 onwards.

◆ 组织能力

◆ 领导层

对其中的每一个因素依次进行全面评估。先以多样性为例：经济结构的多样性通常会加强当地的经济抗打击能力，人口的多样性可以在经济、文化和社会方面为城市成功做出有力贡献，城市环境的多样性有助于创造更丰富的体验，文化多样性也是世界主义的表现。又如，关键数量与达到适当的临界条件以允许某项活动起步、加速和集群有关。在经济上，它涉及足量活动的集聚，以确保规模经济、企业间合作和协同效应。它代表了某个临界点，超过这个临界点后，某项经济活动就可能被组织起来，比如贸易展览会、外贸使团、促销和对内投资。社会关键数量则可指社会互动的密度。从物理环境角度来讲，关键数量评估的是形成一个美丽的、可推广的历史遗产区所需的历史建筑数量。在文化上，关键数量衡量的是体验不同类型的文化设施的机会，比如在同一天晚上去法式小酒馆饮酒、观赏莎士比亚戏剧、看酒吧深夜歌舞表演，然后在一个历史街区愉快漫步。再如创新能力关注的是实现城市良好运作的各种创新，包括社会创新，比如利用志愿者团体提供当地需要的服务；文化创新，比如使用社交媒体加速互动。安全与保障这个概念不仅关乎人身安全，也包括就业稳定性和文化归属感。

城市的整体吸引力还需要考虑各个空间区域——市中心、内城区、市郊住宅区、外围住宅区和工业区、城镇边缘等——如何作为一个相互联系的竞争系统运行。城市的每个部分都有其特定的吸引力。

城市的生命体征

城市 CEO 提出的评估城市资产的四大主题则更加简明：

- 人才
- 联系
- 创新
- 独特性

这项工作基于城市 CEO 对"年轻的和不安分的"以及"我们凭借什么与众不同"等问题的研究，以"城市的生命体征"为名发表。

他们得出的结论是，有持续的证据表明，受教育程度较高的人群的实际收入在上升，而受教育程度较低的人群实际收入在下降。拥有受高等教育人口越多的城市，经济更加成功，教育与人才之间有着至关重要的联系。人才通过以下代理指标来衡量，比如：大学毕业人口比例；创意产业专业人员比例，如科学家、艺术家、工程师、设计师、建筑师；青年专业人员的数量——他们通常 25~35 岁，流动性最强；在医疗、教育和政府服务以外的私人经济领域（private economy），受过高等教育的从业人员的比例；城市国际人才的数量。

在一个想法日益成为关键资本的社会里，如果文化对改变持开放心态、促进将概念转化为创新的基础设施建设，那么生产想法的能力将推动社会的繁荣发展。如果一个地方拥有大批人才、创新型公司的集群、重要的研究中心，以及有利于冒险的商业和社会环境，创新就会大量涌现。创新可以通过一系列间接衡量企业家精神的方法——每千人拥有的专利数量，可用的风险资本水平，自我雇佣人士（self-employed）的比例，小企业的数量来衡量。

城市需要建立内部、外部的联系，以促进可达性、互动和交流。它需要"当地信息生态与全球信息渠道"[1]，换句话说，它需要当地人才创造植根于当地的学习过程，也需要建立外部沟通渠道，面向特定外部人员，加速知识技术转移。创新城市要把握一个悖论，既深刻地植根当地，又最大限度地面向全球。

城市联系通过当地社会交往、公民参与水平和国际联系进行评估。采用的衡量手段是：投票、社区参与、经济一体化、交通工具使用、国际学生人数、境外旅游、无线互联网接入等。

简·雅各布斯（Jane Jacobs）指出，"一个城市或城市社区最大的资产是与其他地方不同的东西"。一旦一个城市具备了基线设施，比如已经有了一流的交通系统、教育、医疗保健和零售设施，那么决定成败的就是它的差异性、多样性和独特性。千篇一律、特色全无并不是一个很好的卖点，每个社区都应有其独特的品质和个性。

---

[1] Harald Bathelt, Anders Malmberg, Peter Maskell, "Clusters and Knowledge Local Buzz: Global Pipelines and the Process of Knowledge Creation, DRUID Working Paper No. 02 - 12, Copenhagen, 2002.

不同城市的独特性难以比较，我们选择的指示包括：古怪指数——衡量城市如何偏离常态、参与文化活动，餐厅种类、电影种类等。

　　最后，经济强劲的城市拥有一个充满活力的核心，这可以通过高收入水平、低贫困率和高教育程度来评估。

　　城市 CEO 还通过"城市红利"计划衡量其他方面的城市动态，该计划计算了美国前 51 个大都会地区实现以下三点后将增加的货币收入：大学毕业率提高 1 个百分点（人才红利）、每人每天机动车行驶里程减少一英里（绿色红利）、贫困人口数量减少一个百分点（机会红利）。 2011 年，它发起了由克里斯格 & 卢米那基金会（Kresge and Lumina Foundations）资助的人才分红奖。 这是一个一百万美元的大奖，颁发给在三年内每千人获得高等学位数量增长最多的城市，其目标是聚焦人才培养作为建设"成功城市"前提条件的重要作用。

城市：信息传递的工具

传递信息的城市————————

城市的每一个细节都在传递信息：首先是其地形、气候、物理结构，其次是其氛围和外部声誉等，它的角角落落都有深意。像墨尔本那样被直线和平坦路面切割的网格状城市与旧金山那样的线条曲折、高低起伏的城市感觉不同，古老的城市与新兴的城市感觉不同，工业型城市与服务型城市感觉不同，港口城市与内陆城市感觉不同。城市的建筑物也在传达信息：它们是整齐有序、与各种商店构成一条条街道，还是彼此分散、仿佛一座座孤岛，这是两种对比十分明显的体验。现在的大多数城市都有后者那种没有灵魂、没有人情味的感觉。城市规模也传达了某种信息：建筑物是庞大的还是小而私密的？公共空间是空旷还是紧凑而鼓励社交的？建筑物给人以欢迎来访的感觉，还是入口处把守着警卫？商店是各色各样、小众有特色，还是世界各地都能看到的品牌？文化设施都集中在一个地方，还是分散在城市各处？只有一个主要的城市中心，还是有多个区域，每个区域都有自己的活力？郊区是死气沉沉，还是生机勃勃？一个城市感觉怎样、看起来怎样包含了无数信息，它的价值观刻在了它物理结构和规划里。专制的城市使人感到冷漠畏惧，而思想开放的城市则处处显示着亲和热情。

以博物馆为例。老一代的博物馆常常反映了从前毕恭毕敬的时代，那个时代，专家指导门外汉该去知道什么，该怎样去知道，由此让卑微的公民通过博物馆体验而得到精神升华。那些博物馆外观宏伟，往往采用西方古典时期的希腊科林斯柱式，体现了一种不同于当代的信心和态度。优秀的当代设计则能实现传统与创新的融合，比如伦敦国家肖像画廊的通风楼梯和大英博物馆的大展苑，它们的轻盈感所体现的价值取向，仿佛欲以一种平易近人的方式传播知识。

除了物理环境，城市的活动也在传达信息。有些城市死气沉沉，因为所有活动都在建筑物或工厂内进行，而你所看到的只是上班下班的早晚高峰。在那些时刻，那种城市更像是蚁丘。在其他城市，公共空间也有生活在展开，人们在咖啡馆、公园和其他第三空间开工作会议。夜晚降临时，人们开始在街头漫步，彼此打量，满足一点对他人的好奇心——说起这类城市就会想到地中海地区。

城市所讲述的故事也在传达信息。其中一些故事通过历史书籍、课堂教育或当前的媒体报道传播。这些故事里，神话与现实彼此交织，建立起一系列相关联想，塑造我们对城市的认知。所以，即使我们身在某个城市，也会通过先入为主的认知来过滤、诠释我们的体验。这些诠释甚至渗透到个人层面：我们可能会认为一个巴黎的法国人很傲慢，而事实上他可能只是在讽刺什么。再如，我们可能认为一个中国人很唐突，而在他自己看来，可能是在表示友好。这提醒我们，要熟悉不同的文化，才能理解人们不同的行为代码。

通过聚焦城市是一个信息传递工具的观点，我们可以认识到，围绕城市存在感、共鸣、城市实力、城市资产和成功等话题的争论需要全新的概念。这些概念能帮助城市了解和掌握增加资产的重要性，管理城市声誉，提高经济抗打击能力，促进公民安居乐业。大多数城市的领导者，尤其是那些未能参与全球网络的人，对这些前卫的概念并不能轻易接受，因为它们是难以理解和难以按照上面强调的一些指标进行衡量的。但是，如果城市想要最大化它的资产潜力，就必须把握这些新概念。那些领导者依旧在旧的物理框架内思考、规划和工作，仿佛只有硬件才重要，但其实城市的软件同样重要。

旧的参考框架依旧重要，比如维持垃圾清运系统有效运行，同样，作为城市管理基本项的污水处理系统、地铁和道路系统、护理设施、住房权，这些功能都应当有效运作。但是，正如马斯洛需求层次理论里，人们在满足了生存需求后会追求更高级的需求，现在人们对城市的期望也更高了，尤其是因为城市需要鼓励它的公民更有野心、更加博学、更富有企业家精神。因此，城市需要提供更令人满意的感官和心理体验。

城市营销与品牌———————

"某个城市是怎样的"这个信息的传递方式正在开始发生巨大的改变，如何向市民和外部世界营销或宣传城市"品牌"也随之变化。一个城市的设计、生态意识、对艺术的鼓励、对自身文化特质的认识，极大地塑造了其现有和不断发展的身份。当然，城市是各种身份的混合体，比如在同一个城市里，活得非常富有、相对富裕或极端贫穷，这些经历是不同的。多数群体和少数群体的经历也有区别，后者可能永远不会有真正的归属感。这些问题越来越被重视，它们的倡导者、城市软件基础设施的专家们，不再需要为自身工作的"价值"辩护。现在人们转而争论这些问题："劣质设计的代价是什么？""城市发展中如果忽略艺术，其代价是什么？""缺乏文化意识和对多样性的理解，会付出什么代价？"又或者，"缺乏生态意识的补救成本要多少？"争论结果反转了传统认识，设计、艺术和生态人士不再需要为自己辩护，那些不在城市发展中考虑设计、生态或艺术方法的人则被要求解释"为什么不"。

城市领导者面临的问题是，城市管理是按照住房、公园、医疗、警察或交通等传统功能线组织的。尽管这些功能很重要，其他属于交叉维度的功能却没有人负责。有人认为那是"营销"部门的任务，但这些问题如此重要，营销部门难以独自承担。另外一个问题是，城市的标志性事物或氛围等问题很难比较衡量，但人们想用简单的排行榜来判断自己城市所处的位置。其中的关键概念包括以下几点，我会依次解释。

- 了解和使用标志性事物（iconics）
- 嵌入设计意识
- 生态意识
- 认可艺术和艺术思维的力量
- 整体氛围与体验的质量
- 联想的丰富性和共鸣的创造
- 地方文化深度
- 网络构建的能力
- 交流和语言技能
- 建设、推广城市品牌

标志性事物 城市现在通过"标志性地"（iconically）展示自我来彼此竞争，成功与否取决于它们的"标志性事物"如何安排呈现。城市的标志是那些强而有力、不言自明、激发想象、意想不到、挑战和提高预期的项目或举措。它不一定是一座建筑；它可以有形，也可以无形：建筑物、活动、氛围、文化生活、传统、某个重要组织的总部、城市名人，等等。城市的各种相关联想互相叠加，组合成一幅有力的复合图像，这也可成为城市的标志，比如巴黎。对于巴黎、纽约、旧金山、新奥尔良、罗马或东京这些城市，语言显得多余，因为关于这些地方的大量意象已在我们的意识中根深蒂固。城市的标志不一定是物体——虽然人们通常这样认为——比如波士顿马拉松、新奥尔良狂欢节等。城市需要标志来创造亮点，展示其理想、目的、自信与自豪。然而，大多数城市充斥着平凡枯燥的事物，比如办公室、住宅、零售店、仓库、工厂和道路系统。

城市标志旨在吸引外部注意力、提高当地知名度。它最终会变成能够一眼识别的城市象征。实体的标志最让人难忘，因为所有人都可以看到，看到它便会想起其代表的城市。埃菲尔铁塔反映了巴黎对自身在工业时代的角色的信心，纽约帝国大厦或克莱斯勒大厦象征了新世界的宏伟目标，悉尼歌剧院使我们重新思考澳大利亚的各种可能性，毕尔巴鄂的古根海姆博物馆强调了巴斯克人的勇气和决心，还有芝加哥的千禧公园。高端零售店也日益成为城市标志，比如普拉达或耐克商店。举办奥运会、世界足球锦标赛、世博会也是标志性的事件，所有人都知道这是全球性活动中规模最大的。质量、活力和风格就是一切。

重要的是，失败的标志性建筑可能长期杵在那里，而标志性的零售商店生命周期短，可以改造。一个由普通却优质的功能性建筑构成的美丽社区，也同样可以成为城市标志，例如巴黎的高档街区圣安娜路（rue Saint Honore）和较低档的圣丹尼市郊路（rue de Faubourg Saint-Denis）。总之，城市标志可以彰显更深层次的感觉与情怀，维持或丰富着一座城市。然而，成功的城市标志必须能够激发各种感觉，从历史的沧桑到新鲜事物的刺激。

在一个注意力赤字、精神空间有限的时代，城市领导者需要知道如何安排呈现标志性事物，以保持城市的生机勃勃。标志性的举措可以利用理念与象征的力量，压缩漫长的理解过程，避免繁冗的解释。全球性的金融、时尚或设计之都的身份可以成为城市标志。纽约打击犯罪的"零容忍"概念在它的时代也是标志性的。"零"字的力量每个人都能立刻感觉到，意味深长却简洁明了。尽管"零容忍"这个词给人以专制独裁的感觉，却提供了心理上的舒适感。纽约最近的标志性项目包括：高线（High Line）工程，一条建在废弃的铁路线上、蜿蜒穿过城市的 2.5 公里长的线形公园；关闭百老汇和第 42 街的部分街道，摆放便宜的活动座椅，创造新的公共空间。

鉴别什么能够成为城市标志最为困难，无论是改造破旧城区，或是唤醒停车场，甚至是使用"零"这个字，皆非易事。打造城市标志的工作不可能套用公式或亦步亦趋，因为它传达的信息要与其地点、传统和身份相连。是跳出传统，还是保持现有的做事方式，这需要决策者的判断。通常人们会选择捷径，把它交给全球排名前 20 的某位明星设计师，比如弗兰克·盖里（Frank Gehry），圣地亚哥·卡拉特拉瓦（Santiago Calatrava），让·努维尔（Jean Nouvel），雷姆·库哈斯（Rem Koolhaas）或扎哈·哈迪德（Zaha Hadid）。因此，打造独特性这一过程本身也在变得公式化。

二线城市和中等城镇的问题在于，那些已经拥有标志性事物的城市更容易积累新的标志，例如柏林或拉斯维加斯。在这个高度媒体化的时代，二线和三线城市只能更加努力。如果像旧金山那样，在已有的标志性事物上添加一个新标志——比如在金门大桥的基础上，添加赫尔佐格和德梅隆（Herzog & de Meuron）设计的新德杨博物馆（de Young museum）——将大有帮助。

取得重大活动或展览的举办权是标志竞争（icon battle）的一部分。其中三个主要的、影响长远的全球标志性事件是：奥运会、世界杯、世界博览会。

每个国家或大洲也有自己的标志性事物或事件，比如在欧洲被欧盟评选为年度"欧洲文化之城"。

申请到那些一次性的全球活动非常困难，虽然无论成败，申请的过程都可以推动城市愿景的清晰化，促成艰难的决策制定（比如重大基础设施决策），团结各方力量。但是，如果与赢得一次大型项目和开启一项年度活动的成本相比，从长远来看，后者可能会更有成效。举办一次奥运会必然要花费数十亿美元，而仅这笔钱的利息就能资助城市在多个领域打响全球知名度，比如成为全球设计、艺术或生态中心。而每年一次的交易会或展览则能不断提醒人们这个城市的自我定位，这些都符合当前的潮流。

对活动的考虑、活动的规模都很重要。某些活动适合某些类型的城市。在大城市里，节日活动会被遗忘，影响甚微。而在小城市里，某个节日可能牵动全市，这也是为什么爱丁堡和阿德莱德的节日活动——或许是各自类型中最出色的——如此成功的原因。

设计意识

♦   设计思维成为关注的重点，是因为它能使想法成为现实。它既是创新的工具，也是解决问题的工具，尽管它的前提是创意。对设计的理解，经历了从装饰、审美、附加品到创新驱动力的演变。设计思维通过理解用户、联结用户与技术可能性和可行性，既能重构问题，又能重塑解决方案。设计的范畴从产品、服务的推广扩展到了对完整系统（如城市）的考量，包括针对地方运行的城市设计、服务设计等。

标志热潮（icon frenzy）引发了大量关于设计标准的讨论。城市建设若追求廉价、忽略质量和周密设计，将会损害城市的资产基础。城市领导者"快速完成任务"和"时间就是金钱"的心态可能会造成问题，而投资优质设计能创造经济和社会价值。如果从建筑物或地方的使用寿命来衡量，优质设计的成本并不更高。关于设计也存在文化上的争论，但总体来说，设计在以下领域的价值已被研究证明：医疗保健、教育环境、住房、公民自豪感、文化活动、商业和预防犯罪。比如，设计优质的医院将帮助患者更快康复，设计优质的学校会提高学生的学习成绩，设计优质的百货公司将对商品销售产生直接影响，设计优质的社区会降低犯罪率、提高房屋价值，设计优质的工作场所能减少旷工，提高生产力。设计界现在已经有了自己的奥运会：

世界设计之都（World Design Capital）。2008年、2010年、2012年这一奖项的得主分别是都灵、首尔、赫尔辛基。

优质的城市设计能够带来经济价值，因为它能产生更高的投资回报（可观的租金，资本价值的提高）；以相对较低的成本让开发项目赢得当地市场竞争；满足使用者的需求；提高使用密度，更加充分地利用可出租区域；降低管理、维护、能源和安全成本；提高劳动力的满意度和生产力；支持开发项目中的混合功能（mixed-use）元素，这往往是项目的生机与活力所在；产生城市更新、城市推广红利；打造地方特色，提高知名度；开辟新的投资机会，加强对发展机会的信心，吸引公共投资；降低用于纠正城市设计错误的公共财政开支。

优质的城市设计能够带来社会与环境价值，因为它能培养爱护环境的意愿；创造与城市其他地方联系密切、任何人都能使用、交通便利的新场所；打造拥有各种设施便利、向公众开放的多功能环境；保证开发项目不损害环境；提高开发区内部、外部的安全感；改造交通不便的区域和破败的设施，以方便公众使用；加强公民自豪感，提升城市形象；实现更节能、更少污染的发展；重振城市文化遗产。

在以下方面还有许多工作要做：推广优质城市设计的价值，将价值创造扩展到高端市场之外；积极利用规划的力量和城市复兴的资源推广设计标准；帮助主要利益相关者学习了解优质城市设计。

生态意识

◆ 关于环境的思考发生了很大变化，环境问题不再是老生常谈里那些头脑简单、吃烤坚果、穿毛袜子凉鞋的生态战士的专属领域。现在，生态意识最坚定的支持者正是城市领导者力图吸引的那些人。在其他条件相同的情况下，一个对可持续性不感兴趣的城市缺乏竞争力。各个社会阶层的人，尤其是在城市间流动的专业人士，都非常渴望与大自然重新建立联系，回报自然，在可持续性方面言行一致。

以北欧国家、德国和荷兰为首，生态意识正在迅速发展。转折点已经到了。集体思维模式的转变是在一系列因素的共同作用下产生的，比如：美国自卡特里娜飓风以来，反常天气持续不断；日益累积的科学证据表明某种不同寻常的变化正在发生；冰盖融化；几年前阿尔戈尔（Al Gore）的纪录片《难以忽视的真相》（*An Inconvenient Truth*）所呈现的场景。中国现在也承认了二氧化碳排放的不可持续性。

"环保意识的高成本会损害经济增长"这类论调越来越少，越来越多开明的企业成了这方面的先锋领导——公共部门因此不得不战战兢兢地跟随——因为它们认为生态产品将是"下一个热点"。这是一个从能源系统到建筑材料、食品生产和汽车制造的研究、设计和产品的开发契机。其中或许孕育着以清洁、精益、绿色为中心的第四次工业革命。

由于既得利益者的阻碍和疲软的政治，推行奖励和管理机制以启动这场革命并非易事，但全球压力、经济机遇和社会需求等各方因素，使得这场革命越来越势在必行。当它发生时，它将对城市运作、个人行为、城市外观产生巨大影响。公共交通会增加，建筑物的外表可能会改变，可步行的区域将扩大。重点是，受过良好教育的人更喜欢生活在能够可持续发展的城市，这就是为什么像赫尔辛基、斯德哥尔摩、哥本哈根这样气候寒冷的地方依旧经济发达，以及为什么欧洲生态首都弗莱堡（Freiburg）等城市能够吸引高端研究机构。

艺术和艺术思维

◆ 艺术在基于想法和想象力的经济中成为关键，艺术思维的重要性显著提高。艺术是少数几个认可想象力的领域之一。人们已经认识到，艺术思维的力量或许是艺术所传达的最重要的信息，它改变思考和看待事物的方式，从而改变现存的可能性。艺术思维的力量应当在别的领域得到承认与合法化，比如在城市规划领域。为艺术辩护的理由最初是听交响乐队"对你有好处"之类，这反映了艺术开化教育的使命；之后，辩护的重点放在了文化活动及文化建筑对城市的价值，尤其是作为区位因素来讲；此外，新建或翻新的艺术建筑可以振兴一个地区；然后，有大量研究想要证明艺术在创造就业和财富方面的经济作用。现在，越来越多的人将电影、设计、音乐等创意产业视为新经济的驱动力；同时，也有证据表明艺术的多重影响——包括社会影响——以及它能帮助提高生活质量；最后，有人认为，在这个感性和体验的时代，艺术思维的影响力将越来越大直至最大。

许多人认识到，规划师、工程师、商业人士、社会工作者都将受益于借助艺术灵感观察世界，它能给任何项目带来额外的力量与潜能。

城市要考虑的另一个方向是结合不同的创意。例如，下一波创新正在科学、技术、媒体和艺术之间的交互面上兴起，各种原创与洞见互相交织，推动大量新产品和服务的诞生，但很少有城市看到这种潜力。

城市需要培养艺术思维，不仅因为艺术是城市发展的一部分，有助于打造旅游目的地，建设城市形象，发挥经济作用等等。艺术不只是看与被看。无论规模大小，每个城市都有博物馆、画廊、剧院和节日。这些是城市的一部分，是城市骄傲的资本。它们定义了城市性（cityness）：若城市没有了丰富的文化活动，就更像一个乡镇（town）。上规模、有野心的城市需要一个复杂的艺术机构体系，为各种全球巡回展览、演出提供场地，同时，它也要为世界贡献更加实质性的内容，吸引访客到来。城市需要一套横跨艺术活动链的基础设施，从用以展览和表演的物理空间，到固定的消费群，为艺术机构搜集、捐赠，到拍卖行、交易会；从小型独立制作者，到全球性公司的各种剧院和画廊。最重要的是，它们需要创作者来推动当地艺术活动的繁荣与生机。好城市能够在历史与当下、消费和生产、大型和小型、主流与非主流之间找到平衡。只有少数几个城市能在整条文化链上都表现得可圈可点，在欧洲这样的城市大概有 25 个，美洲有十几个，世界其他地方还有 30 个。

然而，还有许多专门领域可以供城市开发成名。比如，西班牙瓦伦西亚由圣地亚哥·卡拉特拉瓦（Santiago Calatrava）设计的

"艺术科学城"，阿姆斯特丹繁荣的非主流活动，比利时安特卫普的时尚产业集群，印度尼西亚万隆（Bandung）的非主流时尚等。

城市领导者需要了解艺术、戏剧和展览本身正在经历的转型，并在项目建设中对此有所回应。例如，迈阿密海滩巴塞尔艺术展（Art Basel Miami Beach）是一种新型的文化活动，它结合了国际艺术展和一系列特别展览、派对和交叉活动（包括音乐、电影、建筑和设计）。展览场地利用了迈阿密装饰艺术区（Art Deco District）巡回展览路线的一部分。在这场盛事中，与巴塞尔艺术展的合作是其中关键，因为它是世界上最重要的艺术博览会之一。

设计、媒体、艺术和零售业正在融合，艺术在作为独立的、批判性的活动与作为商业、辅助性的社会事务和娱乐之间来回摇摆。

与此同时，艺术也可能给一般的城市管理者造成问题，因为主导现代世界的价值观、特质与艺术创造所推广的价值观几乎截然相反。前者的世界观可概括为：目的、目标、重点、策略、结果、计算、可衡量、可量化、逻辑、解决方案、高效、有效、经济意义、有利可图、理性、线性。而最优秀的艺术创造是一段不问前途的旅程；它探索真相，追求深刻与真理；它不计算目的，不以目标为导向，无法以简单的方式衡量，不能完全通过理性解释；它无法给予即时的满足；它容忍模糊、不确定与悖论。城市管理者的偏好与此相反，更喜欢确定性和可预测性。

好艺术旨在创造进入人类共同空间的作品；它推崇原创和真实，厌恶虚荣；它鼓励新思想和新方法；它超越、打乱现有的秩序，往往使人不舒服，而这些特质都会使城市不安。

参与艺术活动——歌唱、表演、写作、舞蹈、音乐表演、雕刻、油画、设计或绘画等——比其他学科更加需要想象力，而体育运动和大部分科学学科则更具规则性和精确性。艺术活动结合了自我舒展、聚焦、感官体验、情感表达、反思与原创思维。它可以拓宽视野，传达意义，用象征表达复杂的想法和情绪，帮助人们看到前所未见，整合概括思想碎片，也可以博人一笑，或作为美丽的事物存在。更广泛地说，艺术表达是将想法、概念和文化传递给后代的一种方式。城市想要吸引、保留创意人才，就需要鼓励人们参与艺术活动，而艺术活动可以有其他许多社会功能，比如建立信心、培养凝聚力、促进相互理解等。

艺术对城市有多方面的助益。首先，艺术的审美重点能够促使人们关注质量与美。不幸的是，对质量与美的关注常以非常有限的形式表达，比如建起一座公共雕塑，却忽略它背后丑陋的大楼。然而，从理论上来说，艺术迫使我们审视事物的美感，"美不美"这个问题将会影响城市设计和建筑的发展。其次，艺术促使我们从地方建设的角度思考城市："我们希望成为什么样的地方？我们如何达到这个目标？"对决策者来说，艺术项目是一种挑战，因为领导者要实施舒适区之外的项目，便不得不进行辩论、采取立场。比如，关于移民或和移民一起进行的艺术项目可能让我们发觉自己的偏见。再次，艺术项目还可以帮助从前没有发声的人群表达观点，因此，与社区互动、创作的艺术家可以帮助城市咨询人们的意见。比如，当地社区参与设计的一台社区戏剧，传达的信息远比一次常见的政治活动要多。最后，艺术项目可以创造快乐与享受。总之，思考以下问题非常有用：问题是什么？文化方式对此有所帮助吗？艺术会有所帮助吗？比如在代际沟通或文化交流方面，艺术显然比其他许多举措都更有效。

氛围与体验

* 城市氛围这类问题不是任何特定市政部门的责任。氛围是构成城市的感官体验，就如城市经济、医疗一样，需要考量、管理和监控。它是人们对一个地方认知的重要组成部分，决定这个地方的成败。坏的城市氛围会损害城市的可投资性。然而，城市往往孤立地处理安全、噪音、垃圾这些影响城市氛围的问题，虽无可非议，但它忽略了问题之间的联系，各个部门共同合作，整合各自见解，或许能够取得最佳效果。这需要人们全方位思考。例如，优质的设计和美丽的普通建筑能显著改善一个社区的氛围，即便噪音仍然存在。再如，精心设计的空间能减轻一个地方给人的恐惧感，人流量若是因此增加，便能减少真正的犯罪事件。反之，良好的规划可以正面加强城市的生机与活力，掩盖它可能存在的实际危险。

对城市氛围的考虑要求城市领导人从心理角度思考城市，就像思考一个私人环境（比如，家）。城市，尤其是全球性的城市，需要掌握一项高难度的技巧：

既能给人以刺激，又能提供反思的空间。它需要既温馨、舒适、抚慰人心，又催人奋进、立意宏大、积极进取。城市领导人要思考，我的城市把握住了这个平衡吗？城市设计、办公建筑、道路网纷乱复杂，步行不便，会造成什么影响？我的城市有亲和力吗？

在思考城市氛围时，城市需要开发一种不同的语言，这种语言将导向不同的，也许是非传统的解决方案。人们可能不讨论土地使用、分区或环城公路，而是讨论：城市是鼓舞人心还是使人泄气的？它唤醒的是渴望还是冷漠？它让感官活跃还是迟钝？它令人感到新颖还是无聊？它使人想要久留吗？它给人以自豪感，使人想要有所回馈吗？

联想的丰富性和共鸣的创造

* 在这个信息过载的世界，信息传达需要简洁明了。大部分城市在外界的认知度都很低，离得越远，它就变得越朦胧模糊。北京人对哈尔滨可能有清晰的概念，而在伦敦，几乎没有人知道哈尔滨，它不在任何重要的地图上。虽然离得越近，城市的细枝末节就越加突出，但它们对外人来说无关紧要。比如，在俄罗斯，莫斯科和圣彼得堡之间的竞争可能非常重要，在英国，曼彻斯特和利物浦之间可能必须分出高下，然而，一旦离开这些国家，这些竞争的意义就迅速消失。城市身份来源于它强烈的地方色彩，但若要引发全球性的回响，它需要能激发更高格局的联想。

从中国遥望欧洲或美国，可能有十几个城市，人们对它们是怎样的、它们的潜力如何有清晰的认识。伦敦、巴黎、罗马、马德里、阿姆斯特丹、柏林、洛杉矶、拉斯维加斯、纽约……这份名单可以一直列下去。如果人们说起一个城市，就立刻想到与之相关、层次丰富的大量事物，那么这个城市就享有很高的辨识度。这些联想构成了城市的故事，它们是现实与感知、真相与炒作的混合体。城市从最完整的意义上来讲，是一系列联想的集合，包含从有形到无形、到故事、形象、产品甚至想法的各种内涵。以巴黎为例：巴黎有其独一无二的特色，埃菲尔铁塔、因金字塔入口而再度受到世人瞩目的卢浮宫，等等。此外，巴黎也等同于爱与浪漫，无论它真实的创造力如何，它都依旧是世界文化之都，它早前的艺术繁荣时期在人们脑海中挥之不去。巴黎有美食、时尚和悠久的历史，尽管除了那场革命外，这段历史的其他大部分都模糊不清——然而，我们想到的是 1789 年革命还是 1968 年革命？——由此，巴黎也让人想到自由与民主等观念。巴黎的联想是一个极丰富的组合，这些显而易见的资产或许使得巴黎傲慢自满，而这是许多人声称巴黎没能获得 2012 年奥运会举办权的原因。纽约也拥有类似的丰富层次和由此构成的复杂故事。北京也是。

联想的生成复杂而漫长。巴黎与爱情之间的联系建立在它的艺术名气之上，而后者本身就经过了 30 年才发展成熟，随后迎来了数十年的高峰期，而现在却正在慢慢衰退。巴黎的艺术名气原是关于大胆、创造、冒险，但巅峰期后，它的创新维度基本不复存在。人们说，巴黎变得沉闷古板，只能依靠动人的美丽吸引世人。巴黎落伍了。随着英语取代法语成为世界语言，巴黎的联想美好却过时——无论其真实情况如何。它被认为缺乏效率，没有"我能"的态度与魄力。而现在在伦敦有超过 15 万的法国人居住，与法国南特（Nantes）的人口不相上下。大多数新来者是年轻的专业人士，他们把伦敦视为机遇与多样性之地，适合开展商业活动。

联想也可能是负面的、迟迟不肯消失的。芝加哥与黑帮大佬阿尔·卡彭（Al Capone）的联系早已是过去式，却可能拖了城市的后腿。有的联想则会把城市带往主题公园的方向，比如美国的塞勒姆（Salem），至今无法摆脱女巫的意象。城市也会用可爱或闲适的方式开发它的联想，但这把城市推上了一条前景黯淡的怀旧路线，对城市活力毫无助益。

冲破负面联想需要魄力。芝加哥为了打造绿色城市形象，既需要千禧公园、绿色摩天大楼屋顶这样万众瞩目的标志性工程，也需要许多幕后的可持续性举措，比如垃圾回收和拼车项目。这些小项目若能引起或多或少的注意，也能为"绿色"联想添砖加瓦，而丰富的联想是城市的自动宣传机器。

文化深度

- 有些城市的文化深度来源于历史，比如罗马或西安。历史为城市提供身份的根基、可以加工的历史感、自豪感与信心。历史可以成就教育机构的权威和信誉，比如闻名于世的博洛尼亚（Bologna）大学，英国的牛津、剑桥或波士顿地区包括哈佛、麻省理工在内的大学群。知名度的建立需要漫长的时间，尤其是在教育领域，所以它不会被新兴城市或机构轻易夺走。同样，发达的教育机构还拥有一项城市急需的资产：高素质的年轻人。此外，随着时间的累积，历史为城市创造了丰富的层次，使在城市中穿梭变得有趣。

然而，历史也可能妨碍城市的脚步。人们可能怀恋过去，过分美化历史，让胸怀大志的年轻人感觉不到塑造未来的空间。城市的权力结构可能会阻碍新人的到来，对新想法的保守态度可能会占上风，傲慢也可能随之产生。如何有智慧地利用遗产和历史是一项挑战。

　　文化深度也可能产生在大胆的年轻城市中。20世纪全球创新潮中的两波——电影媒体产业与IT经济——兴起于新兴城市洛杉矶和硅谷。洛杉矶继续塑造着流行文化，与硅谷的信息创新的联合巩固了它的地位，即使是东京、大阪、关西地区产业区的动漫创意中心，也无法挑战它的地位。这并非巧合，一种豁出去、试验、冒险的大胆精神成就了它们，让它们在短时间内享誉全球，成为"文化创造者"。它们领导着文化（和技术），在西海岸扩张影响，催生了像西雅图和波特兰这样的新中心。

　　这就是软实力。随着世界中心的转移，类似的变化也在中国和印度发生。孟买对宝莱坞的发展越来越使人兴奋，Slumdog Millionaire 等媒体形象和电影更加强了人们的兴趣。德里和班加罗尔也是如此。人们对中国电影、艺术以及任何看上去能够解释中国指数级增长的事物的兴趣也日益增长，被吸引着去探索中国文化。上海、北京这样的城市成了热点，尽管其他许多城市也可能拥有丰富的文化生活。无疑，这得益于北京的政治地位和上海金融中心的地位。

上海陆家嘴 ——————————— 杨英 摄

　　创新和历史有可能难以共存。历史悠久的城市所面临的挑战是，如何与未来接轨，创造竞争优势？绿色产品是值得它们探索的一个领域，可见的绿色工程尤其如此，比如马来西亚的明星建筑师杨经文（Ken Yeang）设计的绿色摩天大楼。

网络构建的能力

◆　在城市历史上，大小与规模第一次不再那么重要。大城市不再享有先天优势。这为全球许多二、三线城市创造了机会，只要它们是与国际接轨的。布鲁塞尔附近佛兰德（Flanders）的根特就是一个例子。它立志"动用全部创造力解决城市难题"。比如，它正在探索新办法，应对日益严重的儿童肥胖问题和文化日益多元带来的相关问题。瑞典北极附近的默奥（Umea），虽然鲜有人知，却成功夺得"欧洲文化之城"的桂冠。它赢得了公共部门创新领域的多项全球大奖，其大学设计系从设计角度重新设计了市政府的 41 项程序，鲜有城市会这样做。如果一个小城市足够开放，往往比大城市更容易有所改变——正所谓船小好调头。

事实上，规模在当代反而可能成为劣势，因为它往往意味着网络构建的困难、交易的繁琐和移动的不便。总之，大城市的生活质量不够好。这就是为什么哥本哈根、苏黎世、斯德哥尔摩、温哥华等城市总是在世界最佳城市调查中位居前茅。它们大都人口低于两百万，步行便利，四通八达，各部分联系密切。法兰克福的人口甚至低于一百万。这些城市足够的小，从而能保持亲切感，又足够大，从而能成为国际大都会。然而，在全球信息过载的环境下，只有大城市才能创造全面的优势和专长领域以及丰富的联想，这就是为什么全球最顶尖的城市只有十个左右。

然而，任何地方的任何城市都可以成为某个宇宙的中心，无论是在极小众或较大众的领域，只要它坚持不懈、长远规划、灵活地拓展各种关系。这对于不太知名的城市来说，是一个巨大的机遇。我们知道，在次要些的城市，那些胸怀大志或才华横溢的人常常会觉得潜能难以充分施展，冒险家与思想家则会感觉势单力薄，不足以激励人们去获得更多成就，而这可能会导致人才流失。

阻止人才流失的一个方法是开发和推广强大的

小众市场，留住足够多的当地人才。在全球化的市场中，城市规模可以缩小，但要在全球范围内运营，它们必须有竞争力。

在人们的想象世界中攻城略地，可以提高城市影响力。比如，它可以成为某个活动的中心，某个重要机构的总部，或和某个热门领域扯上关系。

企业通过销售产品来占领市场，就像殖民者夺取领土以确保贸易路线或原材料供应。如果城市没有太多有形的生产资源，也可以占领想法、网络，实现对它们的所有权。德国弗莱堡太阳能技术中心的地位，建立在其绿色城市的名声之上，为它在人们的想象世界里赢得了一席之地。"新城市主义"是一种新兴的城市建设方式，佛罗里达州的滨海（Seaside）小镇正是这种方式的典范，它因"新城市主义"而出名，成了相关网络的中心。

通过评估自身能在其中占据主要位置的各个网络，城市可以向世界呈现某种中心感。这种中心感可以通过努力加入或参与有关国际组织、成为会议的焦点来实现，其目标是有选择地占领世人的想象空间，对城市来说，有针对性地发展三千名国际友人，好于广撒网式的市场营销。

网络理念是"新经济"时代的象征。矛盾的是，我们虽然知道网络和网络构建能够促成许多事，却并不给予充分重视或投资，因为它们看不见摸不着。现有的衡量工具，比如行业代码，也无法跟踪观测网络构建如何创造价值。

城市已经进入了一个个人、组织、城市之间可能存在无限关系的世界，时间和地点的限制正在消失。网络构建能力发生在各个层面：个人或组织之间、专业学科之间、整个城市之内、城市之间。其中的挑战是，如何把个人社交中耳熟能详、老生常谈的通用技能转移到城市层面的网络构建。这些特质各式各样，从对他人的好奇，表现活力、倾听的能力，到理解他人观点，人际关系技巧，对他人的兴趣、启发或同情的能力。创意环境里组织的网络构建能力不仅仅是 30 秒 "电梯演讲" 的城市版本，而且需要何种网络构建与特质，采用更加开放还是更加闭合的形式，都取决于网络构建的目的。

"网络" 和 "网络构建" 这两个词已然成了流行语，它们的内涵总体上是积极的，因为我们认为网络构建是以开放的方式建立关系。然而，网络也可能有另一面，即当它过分紧密、封闭或自说自话，只施惠于团体内部成员时，网络建构就变得狭隘，导致创造力衰减。这点在对日本和中国的创造潜力的评估中有所体现。随着跨文化创造力的重要性日益提高，跨越文化轴心与文化网络的连接成了必需品，网络构建的负面问题可能会更加凸显。

哪些城市拥有更加全面的全球网络构建策略，而不仅是姐妹城市协定或贸易往来？令人惊讶的是，很少有城市制定这类策略。这表明，城市缺乏对软件基础设施如何运作、如何影响城市动态、如何创造价值等问题的了解。

交流和语言技能

+ 在全球范围内运营的城市需要高水平的语言能力。在交流和表达方面，英语作为通用语的统治地位日益巩固，这产生了深刻的文化影响，比如，全球文化舞台的转移导致法语世界失去优势。同时，它对那些主要语言为英语或广泛使用英语的城市相对有利，比如柏林和阿姆斯特丹。拥有丰富语言技能的荷兰城市，规模虽小，却是跨国公司欧洲总部的热门选址，这就是原因之一。少数族裔成分复杂的悉尼能够击败新加坡和香港等更加靠近亚太地区运作的城市，吸引美国运通、可口可乐和H. J. 海因茨等公司在当地设立亚太区总部，也是得益于此。

随着时间的推移，也许在 30 年后，汉语世界的经济文化力量变得更加明显，全球文化舞台将再次发生改变。那时候，先是在亚洲，然后扩展到其他地区，中文将越来越成为取得竞争优势的必要条件。

建设、推广城市品牌

* 城市领导需要了解上述各个层面，然而一般来说，他们并不了解。这些层面要么被留给市场营销人员，要么被放进"太模糊／太难处理的盒子"里遭到遗忘。

"衡量城市成败"和"城市：一个信息传递工具"两节中描述的要素，是打造城市品牌、向公民和外部世界推广城市的最重要的组成部分。它们描述了城市的个性、身份、特点和资产，而推广的任务是清晰地呈现这些要素，以真实地描述城市的现状、它可能的样貌、它的目标和达到目标的途径。这便构成了城市的故事，故事的创造是一项集体任务。在通常情况下，城市所讲述的故事非常有限，缺少能量和决心。它常由一个部门的需求驱动，比如经济发展或旅游业，因此这个故事并不完整。故事需要平衡事实和目标，炒作和夸张通常会被发现。讲述事实的一个好例子是印度尼西亚万隆（Bandung），它把自己形容为一个"正在兴起的创意城市"。"正在兴起"暗示它尚未成为，但希望成为一个更有创意的地方，这也暗示这个口号背后有一整套为实现这一目标制定的策略。

打造城市身份很重要，因为大多数城市都不是一览无余的。当你观察一个城市时，即使你住在那里，也很难完全理解它。你看不到门背后别人的生活，不了解他们的生活条件——尤其是当他们与你不同时。因此，对城市的认知通常是基于它的外表、活动以及老生常谈。

城市品牌建设本质上是将产品品牌建设的一些逻辑应用到城市，但是前者要复杂得多，因为城市有许多问题需要处理，其中一些问题很有争议，比如如何应对城市贫富差距的扩大，或是否要讨论公众不满的方面。城市通常是一幅包含互相冲突的目标、理想和身份的马赛克作品。因此，城市这样的自我描述可能更令人欣赏："我们是一个有趣的地方，但我们也有一些问题要处理。"

城市品牌建设也会借鉴市场营销专家的一些洞见与方法，比如使用简洁的文字或图像概括某个情势的关键特质。然而，这常常沦为一个口号或标志，对于界定城市任务并无帮助。

城市与其品牌建设是一项需要齐心协力的工作，因为它结合了愿景、策略和实施计划。这首先是城市内部沟通，使各种人、利益团体能够团结在共同的目标周围。然后，把这个清晰化了的信息传达给外部世界。重要的是，这个信息应当围绕城市的成就展开。比如，一个城市最好不要自称创新或创意之城，应当让所取得的成绩说话，使别人自发赞叹

"这是一个创意城市"。这样，这座城市会因其真正的优势（比如践行可持续发展）而被称赞。以瑞典马尔默为例，马尔默并没有特别强大的市场营销，然而其他人在替它宣传，因为大体零碳的西部港口（Western Harbour）项目等使它出了名。这反过来为它吸引了特定领域的人和投资，他们希望与这座城市有所关联。这印证了本书通篇谈论的逻辑，即如何为城市维护和吸引特殊技能人才，包括加强城市的宜居程度、活力与特色。

重点是，城市需要精心策划它所要表达的主要信息和特质，而且需要通过它的一言一行来加强、展示和传达这些信息和特质，从而彰显它所代表的事物、它所支持的价值和伦理。这包括城市如何治理，它与公民的关系如何、如何加强他们的权力与能力、如何促进与其他城市的贸易和关系、如何促进对内投资、如何发展文化活动、如何描述它的旅游产品，以及它想与什么样的人建立联系，它想为世界贡献什么。城市品牌建设的总体目标是建立和巩固城市身份，加强人们对所在城市的信心和责任感，鼓励人们在各种偶然和人为设计的场合里担当城市大使。

事实上，城市的品牌往往会自行构建，即便城市不采取任何行动。在人们意识中漂浮着信息集会抛出的只言片语，但这些片段绝不能真正反映城市的深层本质。比如，说起西班牙毕尔巴鄂，人们想到的信息是寻求巴斯克独立、内战与治安欠佳，"毕尔巴鄂效应"，以及一个通过古根海姆博物馆而得以振兴的城市。当然，现实情况要复杂得多：暴力冲突的双方已经休战；对于那些没有参与冲突的人来说，这座城市是安全的；而造就城市振兴的远不止古根海姆博物馆。毕尔巴鄂还有其他许多方面不为外人所知，比如它的发明与创业记录，以及它强大的高级制造业。

创意城市指数

前言————————————————————

2009 年，西班牙比斯开（Biscay）地区及其核心城市毕尔巴鄂请我评估衡量城市整体创造力的方法。有趣的是，在设立该项目时，他们说了一个非常大胆的想法："我们知道自己的创新性，但不确定能达到的创新程度。"毕尔巴鄂和比斯开知道，它们非常善于实施、应用现有的发明和创新——从汽车行业到风力发电机技术等各个领域——这也是该地区成为西班牙人均最富地区的原因。此外，该地区物理环境的焕然一新也为世人称道。然而，这毕竟有别于从头开始的发明创造。

像毕尔巴鄂这样的战略城市希望拥有核心知识产权，确保城市本身能享受创新带来的价值和收入。任何城市都会面临这个困境：在城市向价值链上攀升——从生产、组装产品服务到创造产品服务的过程中，城市的生活成本会随之提高，因为它需要更优质的便利设施、更优越的整体环境来吸引人才。

与创新相关的各种城市指数，如"欧洲创新记分卡"（European Innovation Scorecard），以及各种各样的生活质量排名，都不能回答创造力的问题。创造力与创新相关，但创造力是下游创新产生的首要先决条件。

毕尔巴鄂地铁站

　　推动城市创造力发展的因素被提炼成以下十组创造力指标。其中每一组内又包含指示创造力的关键特点和各种问题。

- ◆　政治与公共结构
- ◆　独特性、多样性、活力与表达
- ◆　开放、信任、包容与可达性
- ◆　创业、探索与创新
- ◆　战略领导、敏捷性与愿景
- ◆　人才发展与学习环境
- ◆　信息交流、连通性与网络构建
- ◆　地方与地方建设

- 宜居与安乐

- 专业性与有效性

　　虽然这十组标题本身也不难理解，我们尤其要关注城市在以下方面的表现：积极性、坚持、意识、信息传递的清晰度、开阔的思维、启发性、目标、适应能力、活力、开放、参与、设计意识、感官欣赏、职业自豪感、领导力、视野。

　　"创意城市指数"包括内部和外部评估。首先要进行一系列广泛的一对一采访和集体采访，采访对象来自各行各业，需要熟悉情况，中肯可靠，他们将会单独和共同评估所在城市的表现，在0%和100%之间给城市打分。外部评估由了解城市动态、有能力进行全球范围比较的人进行。与此同时，再使用专门软件进行一个独立的网络调查，使参与评估的人群更加广泛。这个软件包含加权机制，可以反映出受调查者的社会地位、职位以及他们的回答。

　　内部评估和外部评估之间的差异至关重要，其中的差距和总体评分提供了衡量优势弱势的基础和评估发展策略的方法。从本质上来说，评分、围绕评分的讨论以及外部评估，推动了关于城市未来的战略讨论。

　　城市创意文化审计以360度视角审视城市，从个人、企业、产业部门和集群、城市网络，到作为不同组织文化的混合体的城市本身、作为地区组成部分的城市，无一遗漏。它评估创意在私人部门、志愿部门和公共部门的重要性，以及它在教育、商业、艺术和文化活动、特定产业、科学和组织等领域中对促进当地繁荣和安定的作用。当一个城市的文化和创造活动充满活力时，它可以产生积极广泛的下游效应。

就私人部门而言，除了评估产业文化和新经济部门（比如新媒体）的创造力，还必须评估传统工业的创造潜力。以戈尔特斯公司（Gore-Tex）为例，虽然它是一家传统面料制造商，却被《快公司杂志》（*Fast Company Magazine*，该杂志被奉为新经济的圣经）评选为美国最具创意的公司。

第二个调查领域应当是社会企业家精神和自助与自我组织的文化——这通常是赋权于当地居民的手段，使后者承担责任，发展创业精神，解决社会问题。

第三是探索公共部门组织在提供服务、促进社区蓬勃发展方面的创造力。这里评估的是"公共创造力"（civic creativity）——应用在公共利益目标（public good objectives）上的创造性解决问题的能力。"公共创造力"是公职人员和其他为公共利益服务的人员有效运用想象力、实现"社会和政治价值框架内的更高价值"的能力。其中一个关键问题是，如何把创造力、其对灵活性的内在需求与坚定的问责原则结合起来。这部分需要探索跨学科合作。

第四需要评估在跨部门工作、组织间网络构建方面的创造力。旨在探索价值创造在何种程度上是通过创造性的合作关系和网络构建——比如在大学和当地社区之间——实现的。

第五个重点是打破边界产生的创造力（boundary busting creativity）。例如，在 21 世纪初，科学与艺术这两种探索、理解、认知方式开始和解。它们的合作产生了相当大的动力，成为在新产品、新工序和新服务开发中推动变革与创新的强大力量。我们需要考察艺术与技术的结合度、城市规划中的艺术途径以及艺术界参与城市规划的程度。

第六是评估如何创造利于创意发展的条件，尤其侧重于教育和学习项目，但也不应该局限于学校和高等院校，还应包括专业发展和非正式学习。

第七是审计阻滞创造力的障碍。人们越来越认识到，强调障碍——其本身成为创造性行动的针对目标——与强调最佳实践（best practice）至少同等重要。这一点旨在解决当下最大的悖论之一，即创造力议程与风险规避文化的同时兴起。

最后，审视物理环境怎样才能支持城市文化发展发达，以保留或吸引有趣的人才。

总体来说，这个审计可以告诉我们一个城市在比较视野下所处的位置和它可能到达的位置。接下来是对创意城市及其十个领域的描述。

创意场所

创意场所可以是一个房间、一栋建筑物、一条街道、一个社区，创意城市或创意城市区域是这些场所的完美融合。每个创意场所都有相似的品质：舒适感和熟悉感，新与旧的完美融合，多样与选择，以及沉稳与活力、风险与谨慎之间的平衡。

创意城市是人们可以展露才华，才华得以利用与推广、服务公众的地方。任何事情终能办成。这些人才就像是催化剂和榜样，能培养和吸引更多的

798 局部 ——— 邓雯 摄

人才。创意城市还是一个拥有大量优质学习机会的地方，有正式的，也有非正式的，还有一系列具有前瞻性、灵活性与高度内部联系的学习课程。它有功能良好的物理环境，便于居民彼此往来。它还有高端的城市设计，激发和催生对城市的自豪与喜爱。而它的建筑，或古老，或新式，和谐地组合在一起，街道格局多样而有趣，在普通的建筑物中偶尔也有超乎寻常、引人注目的。在这种环境中，各种创造者都心满意足、积极创造，还有平台和渠道来利用于创新或出售人们的作品。这是一个天然的市场，人们可以交换想法、开发联合项目、交易产品，或者在它发达的产业中从事工作。它能提供丰富鲜活的体验，这来自它的美食、艺术、文化遗产与自然环境，包括兴盛的主流和非主流活动、健康发展的第三空间。在创意城市，机会比比皆是：它欢迎和鼓励人们到来。它的活力使它成为一块磁铁，能吸引足够多的人才，保证持续的繁荣。

创意城市的政治和公共结构具有明确的目标和方向，它理解开发利用人才潜力的重要性，它精益、清晰、有重点，办事流程简洁，渠道畅通，思维开放，鼓励参与。公职人员以事为本，不为部门边界所累。差异是这种文化探讨（discussion culture）的有机组成部分，人们能够没有敌意地辩论、接受、协商与处理差异。领导层既有远见与战略，也立足于日常现实。人们尊重和信任这个结构，认可它在不断识别新机遇、应对未来中的重要作用。它治下的社会高度团结，对新来者与新想法又相对开放，尽管后者有时让人感到不安——事实上，创意城市往往不是那么舒适，反而可能令人有些紧张。这个社会享受自己创造性中心的地位和所在的物理环境。它的犯罪率一般都比较低，安全感高，生活水平相对较高。它对社会动态也保持警觉，力求避免最底层的人被遗忘而自生自灭。社会组织活跃、资金充足、能够发挥建设性的作用。

创意城市的产业具备创新与设计意识，对新趋势、新兴技术和新兴行业——比如发展绿色经济或创意产业等——给予大量关注。它具有出色的网络构建与联系度，对研发的投入远高于平均水平。即使在差异巨大的部门之间也存在跨界交流。它的商业界敢于冒险、积极进取、面向未来。它能理解和有效使用自然资源，充分利用现有人才，同时也是培养新技术的温床。商界领袖在业界受人尊敬，对社会有所回馈。商业界则以他们的产品和他们带给所在地的声誉而自豪。交通、通信系统——包括本地和国际运输、高速互联网接入以及与世界各地的联系——有效且能充分发挥作用。

总体而言，所有创意城市都会与众不同。 你可以感觉到它的生机与活力，这对居民和游客都显而易见。它以一种轻松、无威胁的方式强调着自身的独特性，它悠然自得；它的历史、文化和传统都是鲜活的；它易于接受影响和变化，吸收新思想，进而发展演变，推动城市独特性与文化的进一步发展。

政治与公共结构————————

创意城市的政治和公共框架有使命感、有伦理道德，也有办成事情的渴望。它对所服务的对象相对透明，敞开大门。行政机构轻盈、精干、反应灵敏，能做出改变以适应不断变化的环境，互动与办事流程相对简单。它也崇尚促成（enabling）和协助（facilitating）的理念，为此着意于消除任何能够消除的障碍。它不会集中权力和决策过程，更倾向于下放权力，为感兴趣的人提供便捷的参与方式。它的思考富有战略性，作为符合公众利益而任务导向的工作方式则能鼓励跨部门合作——跨部门合作往往充满热情与干劲。它培养健康的志愿与社区部门，后者以富有创意的方式应对社会、文化和经济问题。它与企业界有良好的联系，认识到跨部门交流的益处并加以促进。它善于吸引并保留优秀的工作人员，而他们从出色的工作业绩（而非工作保障）中获得动力。最后，公共部门对就业的限制并不比其他任何部门都大。

独特性、多样性、活力、表达————————

创意城市有一个来源于文化活力的清晰身份。它的居民对自己的态度和价值观有一种放松的自信，对他们的产品、文化、其他公共设施和资源，尤其是专业领域感到自豪。这种自我肯定鼓励接受与开放：这种文化通过长期吸收和融合各种影响而发展演变，丰富、包容，能够适应多种文化观点。它建立在深厚的传统之上，却没有故步自封；它充满活力、能量和独特性，因此，它有各种各样的体验、选择和机会，还有许多渠道供人们自我表达。

在这个令人兴奋的氛围里，主流与非主流、高端艺术与边缘艺术、流行文化与古典文化、专业与业余，所有力量互相碰撞又和谐共处。会议场所各式各样，有小而亲切的，也有大而堂皇的，批判性思维与辩论的文化在其间蓬勃发展，不同的观点共处一室而相安无事。

在这里，总有新鲜事可以尝试，有旧事物可以回味——有丰富的艺术活动、各种各样的节日，还有许多体育和市民活动。它的科学、传统、美食、景点、公园甚至它与自然的关系，都增添了其自身活力。在这个良好的环境里，创意产业欣欣向荣，富有设计意识，紧随时代潮流。即使是高档街区，也有独立商店、古怪的产品、本地产品商店来彰显个性。此外，这里还有特定的当地信息传播渠道。

开放、信任、包容和可达性————

创意城市通常开放而好客，因此，各种不同背景的人都能在此安居乐业。这种开放的氛围渗透到公共机构、商业环境和公民社会的运作方式中，公共部门、私人部门、社区/志愿部门以及公共空间，都是如此。这创造了一个有利的环境，使得机会更容易把握，项目的开展与完成、交易的实现更加便捷。它是往来世界的门户，与世界联系紧密。许多当地人在国外工作，也有许多外国人在当地工作，但对所有人来说，这里都是他们的家。这种开放性加深了对差异的理解，催生了跨文化对话，使它始终处在发展的前沿位置。这种开放的态度也反映在各种设施的运作上。

创业、探索和创新————

在创意城市，企业家有如鱼得水的感觉，他们享有社会的认可。在这里，想法可以很快变成现实。人可以犯错，不会被过分批判。这里有一个从建议到资金、到风险资本的庞大的支持系统。在这里，创新和研发高于全球平均水平，设计主导的特色产品和服务名声在外。这里的商业和工业文化尊重实验和调查。最后，创意产业在这里发挥着重要作用。

战略领导、敏捷性和愿景

创意城市有多重的领导和多样的领导人。每个部门都有富有活力与前瞻性的高素质人员，为这个地方提供远见卓识，他们对当前趋势、新兴发展及其影响都有深刻的认识。他们的行事风格鼓舞人心，能够下放权力，能够为别人赋权赋能。他们也平易近人。他们描述的未来——一个具有强烈说服力与吸引力的故事，可能是一个城市或地区的愿景，也可能是一个创业或教育项目，既在能力之内，又野心勃勃。

他们的思维具有战略性：他们从最宽广的角度审视未来，把规划看成一个持续的、内生的过程。他们展现了超越自身领域的远见和意识，明白自己正在帮助所在地应对未来。他们了解大环境以及自身的位置，与其他领导者合作，创造积极的伙伴关系。他们确保有良好的机制——研究中心、智囊团，以及集群网络、专家中心或技术园等协作平台等——搜集全球各地的最佳实践和新颖对策。他们具有战略敏捷性，知道何时以及如何把握机会，而他们已经做好了利用这些机会的准备。

公共和私人领域的决策团体都具有前瞻性——不管是教师、公务员、运输主管、工商企业中高级管理人员，还是社区组织者或艺术家。他们始终保持高度敏感，观望各自领域的前沿边界，积极寻找下一个重点——比如从目前来说，"绿色"事务将会吸引大量的关注。这些人的地区自豪感帮助他们达成了一个共同的议程。

人才发展与学习环境————————

创意城市重视学习和知识。所有的才能都得到呵护、培养、推广、奖励和赞扬。学习的选择余地很大，帮助人们找到正确的事业和职业。人们有各种机会提升自己——它既有教授核心技能的场所，也有享誉全球的专业知识中心。从事教学与讲课的人员为自己的职业感到自豪，这种自豪感也感染到别人。人们尊敬学习。教育机构努力接轨国际，成为各自领域的佼佼者。课程与时俱进，不断改进，以符合市场需求，全球趋势也被考虑在内——它们为必需的领域提供合格人才，也为尚处于起步阶段的专业提供技能培训。这个体系极其擅长发展和保留当地人才，与此同时，人才也存在双向流动，根据需要，或是对外输送，或是引入当地。

杭州的书店 —— 寻常 摄

信息交流、连通性和网络构建————

创意城市在内部与外部、物理空间与虚拟空间的连通都很好。交通便利，步行便捷，四通八达，社区并不彼此隔离，不同社区间偶遇的机会也多，社会流动存在更多可能。有高质量的公共交通系统，从市中心直通郊区，也连接其他各个部分。城市配有、人们也乐于使用复杂的 IT 和通信设施。它有优质的铁路和航空服务，供国内国外的旅行，也是欢迎访客的门户；到处都有说外语的人。企业对企业和跨部门关系运作良好，有集群、枢纽、中心和知识交流活动。在交流和贸易上，自然地理位置的优势被充分利用。这个地方向外部世界开放，与其他国家有各个层面的接触，比如创建合资企业、研究项目、产品开发和公民伙伴关系等。

地方和地方建设

与其他任何地方一样，创意城市也由硬件和软件构成。然而，这里的硬件与软件和谐交织、彼此成就。它的硬件或建筑环境，包括公共空间和建筑物，都以人为中心进行精心的构想和实施——人们能够感觉到建筑物对他们情绪的积极影响。这种物理环境鼓励人的互动和活动，而不是给他们创造障碍。它承认、尊重并融入当地自然环境、周围景观和绿地，对生态足迹有所认识并对其负责。它注意细节，小处也无可挑剔。在它的街景里，软件——人类活动——创造着生机和活力，展示着这个地方的独一无二。人们到了那里便想留下，尽管一开始他们就是慕名而来——它拥有适度规模（critical mass），也拥有一种磁场，这使它与类似城市相比毫不逊色。

宜居与安乐

创意城市的生活品质优越。国民生产总值高，服务业高端且运作良好。人们乐于在这里生活工作，它的犯罪和暴力率低，总体上感觉很安全。 氛围良好，人们更愿意互相帮助。当然，阶级障碍依旧存在，但贫民窟化的程度较低，贫富差距比其他地方小。 人们享受它的连通性、可达性与开放性和它所提供的设施和活动——一流的交通和通信。公民领导大多受到尊重和信任。

台北市 ———————————————————————————— 韩宋 摄

专业性和有效性——————————

　　创意城市运作良好，事情不断发生、完成。 人们以做事的专业性和高品质为豪。 职业标准很高，行业基准经常在这里设定。 公司、组织、个人和产品常常获奖。 这里是许多领域的专业知识中心——可靠、准时、效率、准确等品质为人推崇。专业人员对自己的能力充满信心，乐于与其他人合作，也能下放权力，打破等级制度的传统规则。

好地方与好城市

城市很特殊，它是人类所创造的事物中最复杂的，但许多城市还可以变得更好。笔者一直在思考如何概括城市的整体本质——最好的城市有以下特质。

- 它是安身立命之地：城市对生活于此的人来说首先是家——一个熟悉的地方——它使人感到有所庇护。人们在这里工作，这里有各种日常生活习惯，有一定程度的可预测性。这里单独看起来似乎很普通，但即使这种普通也有好处，因为它让人相对感到安全。城市也通过历史与建筑告诉人们它从哪里来，而它的历史也部分地构成了我们。它不同于那些"到此一游"的地方。

- 它是关系人脉之地：城市里有各种形样的关系，有偶然随意的，也有深刻长久的。你在城市建立、拓展人脉，与邻居、同事、朋友和熟人交流往来。好城市既能让人在城市内发展人脉，也能让人与更广阔的世界相连。它是各种交流活动——私人或工作性质的，面对面或通过虚拟世界的——的地点和中心。

- 它是可能性之地：一个好地方能够激发你的好奇心，你感到拥有机遇和选择权，感到自己无所不能。这是一个可以拥有抱负、理想和愿望的地方，它使你想要尽情释放探索的本能。它像一份珍贵的礼物，反过来又使你想对它有所回报。最终，这有助于催生自豪与忠诚感，进而使人感到有所寄托。

- 它是学习教育之地：好城市帮助人们自我提升，它会创造必

要的机会，帮助人们自我实现、拓宽视野。通过拓宽视角，它帮助提高公民的能力与自信，促使他们参与打造、创造和建设自己的城市。

- 它是启发鼓舞之地：城市建设有一个愿景的维度，它反映了城市希望向公民、公民希望向城市、两者共同希望向外部世界展示的理想和伦理。这些超越自身利益的伟大目标随着时间的推移而变化。当下的三个焦点是：第一，治愈城市与自然之间的分裂；第二，所谓发挥创意，就是解决如何在差异中共处的问题；第三，如何释放每个人的创造潜力。能够做到这几点的城市将备受推崇。

很少有城市具备以上所有特质。然而，从整体上看，它们的潜力清晰可见。我们的目标应该是让更多城市能够提供这样的体验。好城市有各种各样的品质，它们既平凡又非凡；它们熟悉、温馨，为人遮风挡雨，使人放松自在；然而，它们也能出其不意，令人惊讶。

图书在版编目（CIP）数据

创意城市打造：决策者指南 / (英) 查尔斯·兰德利 (Charles Landry) 著；田欢译. -- 北京：社会科学文献出版社，2019.8
书名原文: Creative City Making: A guide for decision makers
ISBN 978-7-5201-5251-8

Ⅰ. ①创… Ⅱ. ①查… ②田… Ⅲ. ①城市建设－指南 Ⅳ. ①F29-62

中国版本图书馆CIP数据核字（2019）第164183号

创意城市打造
——决策者指南

著　　者 / ［英］查尔斯·兰德利（Charles Landry）
译　　者 / 田　欢

出 版 人 / 谢寿光
组稿编辑 / 周雪林
责任编辑 / 周雪林
文稿编辑 / 崔　岩

出　　版 / 社会科学文献出版社·城市和绿色发展分社（010）59367143
　　　　　地址：北京市北三环中路甲29号院华龙大厦　邮编：100029
　　　　　网址：www.ssap.com.cn
发　　行 / 市场营销中心（010）59367081　59367083
印　　装 / 三河市东方印刷有限公司

规　　格 / 开　本：880mm×1230mm 1/32
　　　　　印　张：7.5　字　数：205千字
版　　次 / 2019年8月第1版　2019年8月第1次印刷
书　　号 / ISBN 978-7-5201-5251-8
定　　价 / 58.00元